*Jürgen Hargens*

# Gut eingestimmt?

Zum Umgang mit Stimmungslagen

*Jürgen Hargens*

# Gut eingestimmt?

Zum Umgang mit Stimmungslagen

---

*borgmann*

*Unser Buchprogramm im Internet*
*www.verlag-modernes-lernen.de*

---

© 2011 by SolArgent Media, Division of BORGMANN HOLDING AG, Basel

**Veröffentlicht in der Edition:
borgmann publishing · Schleefstraße 14
D-44287 Dortmund**

Titelcartoon und S. 41:
© King Features Syndicate / Distr. Bulls

Cartoon auf S. 32:
© Peanuts Worldwide LLC / Distr. Universal Uclick /Distr. Bulls

Gesamtherstellung: Löer Druck GmbH, Dortmund

Bestell-Nr. 8573         ISBN 978-3-86145-336-9

**Urheberrecht beachten!**
Alle Rechte der Wiedergabe dieses Fachbuches zur beruflichen Weiterbildung, auch auszugsweise und in jeder Form, liegen beim Verlag. Mit der Zahlung des Kaufpreises verpflichtet sich der Eigentümer des Werkes, unter Ausschluss der § 52a/b und § 53 UrhG., keine Vervielfältigungen, Fotokopien, Übersetzungen, Mikroverfilmungen und keine elektronische, optische Speicherung und Verarbeitung (z.B. Intranet), auch für den privaten Gebrauch oder Zwecke der Unterrichtsgestaltung, ohne schriftliche Genehmigung durch den Verlag anzufertigen. Er hat auch dafür Sorge zu tragen, dass dies nicht durch Dritte geschieht. Der gewerbliche Handel mit gebrauchten Büchern ist verboten.

Zuwiderhandlungen werden strafrechtlich verfolgt und berechtigen den Verlag zu Schadenersatzforderungen.

# Inhalt

**Krank – gesund; glücklich – unglücklich;
niedergeschlagen – froh?** 9

**Kapitel 1**
Ich habe eine Depression … 19

**Kapitel 2**
Niedergeschlagen … depressiv …
und dann? 29

**Kapitel 3**
Wieso? Warum? Oder: Gute Gründe 39

**Kapitel 4**
Nicht nur der Teufel steckt immer
im Detail … 49

**Kapitel 5**
Schau' mir in die Augen, Kleines … 61

**Kapitel 6**
Einstimmen                                                69

**Kapitel 7**
Wunder
Wunderbar oder wunderlich?                                79

**Kapitel 8**
Stimmungsschwankungen:
Vielfalt, Einfalt oder was?                               89

**Kapitel 9**
Authentisch sein … oder?                                  97

**Kapitel 10**
Stimmungen … lassen sich beeinflussen                    105

**Kapitel 11**
Ein guter Umgang                                         115

**Dank**                                                 121

# Gut eingestimmt?

Dieses Buch handelt von Stimmungen, Stimmungsschwankungen; davon wie ich an meiner eigenen Stimmungsschraube drehen kann – nach Möglichkeit so, dass ich mich gut einstimme. Dabei werden auch Vergleiche und Bezüge zu Krankheitsbildern aufgezeigt, z.B. zu Depression, denn wichtig ist und bleibt zu unterscheiden, ob ich mir selber helfen kann oder ob professionelle Unterstützung sinnvoll ist. Diese Entscheidung kann Ihnen niemand abnehmen. Darum wird es auch nicht gehen, doch sollten Sie im (Hinter-) Kopf behalten, dass es durchaus auch ein Zeichen von Stärke ist, sich kompetente Hilfe zu holen.

Mir geht es in diesem Buch darum, Ihnen etwas zu erzählen, Ihnen einige Ideen vorzustellen, von denen ich glaube, dass Sie im Alltag nützlich sein können, sich gut einzustimmen.

Dabei unterscheide ich „gut einstimmen" durchaus von „alles positiv sehen". Das, was mir nicht gefällt, kann ich nicht einfach übersehen, aber ich habe durchaus mehr als nur eine Möglichkeit damit umzugehen. Wie und ob mir das gelingt, hängt – selbstverständlich – auch davon ab, in welcher Verfassung ich bin, wie ich mich fühle, Eben: wie ich mich eingestimmt habe.

In diesem Sinne wünsche ich Ihnen Spaß, Freude und Anregung beim Lesen.

*Meyn, im Sommer 2011*         *Jürgen Hargens*

# Krank – gesund; glücklich – unglücklich; niedergeschlagen – froh?

## Stimmungen schwanken ...

Seit Jahren macht sich im Gesundheitsbereich ein interessantes Phänomen bemerkbar – es werden immer neue Krankheitsbilder und Diagnosen „entdeckt". Das gilt insbesondere für seelische (psychische) Belastungen. Burn-Out wäre ein Beispiel dafür.

Lese ich Statistiken über solche Krankheitsbilder genauer, so fällt mir auf, dass nicht nur die Häufigkeit, sondern auch die Ausgaben für einige psychische Erkrankungen ständig gestiegen sind. Dies betrifft insbesondere Erkrankungen mit Bezeichnungen wie Depression oder Burn-

Out. Was dabei in meinen Augen ein wenig zu kurz kommen könnte, wäre die erforderliche und notwendige Aufmerksamkeit, um das Augenmerk auch auf die konkreten Umstände der jeweils betroffenen Menschen zu richten. Das sind immer sehr konkrete und sehr individuelle Schicksale. Doch mit dem Etikett „Depression" oder „Burn-Out" verschwindet das Schicksal und wird in eine Krankheit umgeformt. Und Krankheiten lassen sich, so das allgemeine Verständnis, nicht nur behandeln, sondern auch heilen. Also begebe ich mich als kranker Mensch in die Obhut von Fachleuten, die wissen, was getan werden muss, damit ich wieder gesund werde. So erscheint es wenig verwunderlich, dass viele Menschen davon ausgehen, eine Pille zu bekommen und die Krankheit ist verschwunden.

Krankheit, so könnte ich eine Entwicklung beschreiben, ist immer weiter in den Zuständigkeitsbereich von Experten gewandert. Damit einher geht zumeist auch die Idee, die Verantwortung für das, was mich betrifft, in die Hände eben dieser Experten zu legen. Das, so scheint mir, stellt eine der Nebenwirkungen einer zunehmenden Medikalisierung und Pathologisierung des Alltagslebens dar. Alles, was nicht „richtig" der Norm entspricht, wird in eine Krankheit umgedeutet, so dass Störungen verkleinert werden.

Da es mir selber – wie Ihnen vermutlich auch – manchmal so geht, dass ich mich niedergeschlagen oder lustlos und antriebsarm fühle, ich mich deswegen durchaus nicht sogleich für „krank" und auf die Hilfe eines Experten angewiesen erlebe, dachte ich mir, meine Erfahrungen als Psychologischer Psychotherapeut und als betroffener Mensch einmal genauer anzuschauen, um zu sehen, wie ich mir selber habe helfen können.

Damit möchte ich nicht sagen, dass es nicht durchaus Situationen gibt, in denen es erforderlich ist, sich der Hilfe und Unterstützung von Fachleuten zu vergewissern – doch im Vorfeld könnte es Einiges geben, was hilfreich und nützlich sein kann, die eigenen Kräfte – und die Ressourcen und Möglichkeiten meiner sozialen Netzwerke – zu aktivieren, um wieder mein Leben in Besitz zu nehmen. Und davon möchte ich Ihnen in diesem Buch erzählen. Ich hoffe, dass es Ihnen Lust machen kann und wird, denn das ist, glaube ich, das Beste, was passieren kann – mit Lust, Freude, Aufmerksamkeit und Zuversicht zu schauen, wie sich das Leben entfaltet.

Ich begreife meine Überlegungen nicht als Teil einer ausufernden Zahl von Veröffentlichungen der Selbsthilfeliteratur. Solche Ratgeber – mir ist es oft so gegangen – haben mich nach der Lektüre nur noch ratloser gemacht: wenn es alles so einfach scheint, wie es in dieser Literatur vorgeführt wird, dann hätte es doch bei mir auch schon lange klappen müssen. Dass es bei mir eben nicht so einfach klappt, „beweist" mir nur, dass ich eben doch ein „schwerer Fall" bin. Und damit bin ich schon einen großen Schritt in Richtung einer sich selbst erfüllenden Prophezeiung gegangen: ich *glaube* nicht mehr an mich und meine Möglichkeiten. Daher sehe ich sie auch nicht, sondern ich erkenne immer wieder die Schwierigkeiten, das, was nicht funktioniert und mein Leiden vergrößert sich. Ich möchte das ein wenig anders beschreiben, worum es mir gehen soll und wird.

Ich glaube einfach, dass Stimmungen schwanken, von der eher „normalen" Vielfalt bis hin zu „krankhaften" Episoden. Diese zu unterscheiden, ist ein wichtiger Aspekt. Aber genau so wichtig, denke ich, ist es, mir zu überlegen, was und wie ich dazu beitragen kann, mit meinen „normalen" Stimmungsschwankungen so umzugehen, dass ich mit mir und meinem Leben mehr zufrieden als unzufrieden bin.

**Glück gehabt ...**

Das ist ein nur allzu bekannter Satz. Nur – was bedeutet er? Ich kenne das Sprichwort „wat dem eenen sien Uhl, is dem annern sien Nachtigall". Auf Hochdeutsch: was dem einen als Eule erscheint, kommt dem anderen wie eine Nachtigall vor.

Letztlich bedeutet das nichts anderes, als dass es so etwas wie *das* Glück wohl doch nicht zu geben scheint, weil Glück immer das ist, was derjenige als *„eigenes* Glück" betrachtet. Damit – das sollten wir nicht vergessen – ist auch zugleich jedes Glücksversprechen zum Scheitern verurteilt, einfach weil Glück für jeden Menschen etwas anderes bedeutet.

Das ist sehr ähnlich wie viele andere Ideen – Zuversicht, Motivation, Selbstbewusstsein. Jeder hat so seine Vorstellung, was genau das heißt. Nehme ich den Begriff „Motivation" und versuche, ihn zu konkretisieren. Dann wird sehr schnell erkennbar, dass die Konkretisierung sich immer auf etwas bezieht, das ich am *Verhalten* der Person wahrnehme. Was ich nicht sehe – und was meines Wissens auch noch nie jemand gesehen hat – ist „Motivation". Motivation ist eine *Schlussfolgerung aus meinen Beobachtungen des Handelns einer Person*. Sie ist nie direkt erkennbar, sondern wird immer nur erschlossen.

Dasselbe, denke ich, lässt sich auch für „Glück" sagen.

Glück ist eine Zuschreibung – und damit schillernd, unterschiedlich, persönlich. Und das ist, glaube ich, auch gut so.

Und noch etwas gilt es zu bedenken, glaube ich. Glück bezieht sich immer auf ganz konkrete Umstände. Glück bedeutet daher für einen Mitteleuropäer vermutlich etwas ganz anderes als für einen US-Amerikaner, einen Russen, einen Afrikaner, einen Asiaten und vor allem wird sich Glück dann unterscheiden, wenn es sich um Opfer einer Naturkatastrophe handelt.

Ebenso dürfte sich Glück unterscheiden für jemanden, der in Saus und Braus lebt, ein Dach über den Kopf, eine feste Arbeit hat oder sich einer ausreichenden materiellen Absicherung gewiss sein kann. Ein Mensch, der krank ist, wohnungslos – für den dürften ganz andere Dinge bedeutsam sein. Ob „Glück" dazu gehört, wage ich zu bezweifeln.

Klar, man kann „Glück gehabt" haben – eine Arbeit finden, gesund werden, im Lotto gewinnen oder bei einem Unfall „nur" einen Beinbruch erleiden und mit dem Leben davon kommen.

Sie haben es erkannt: „Glück gehabt" ist ebenfalls eine Zuschreibung bzw. Bewertung und keine objektiv gültige und/oder richtige Tatsache. Was dem einen „Glück gehabt" bedeutet, meint für den anderen „Pech gehabt".

So gesehen, ist Glück ein Teil meines Privatlebens, meiner eigenen Bewertungen – und

*Stimmungen schwanken ...*

sofort taucht die Frage auf, ob diese Kategorie „Glück", die für mich wichtig ist, denn für jemand anderen überhaupt irgendeine Bedeutung hat.

Deshalb – glaube ich – könnte ein bedeutsamer Aspekt der sein, was mir in meinem Leben wichtig ist, welches meine Bewertungen sind und wie ich mit Widrigkeiten in meinem Alltag umgehe. Und genau darum geht es mir – ein paar Möglichkeiten zu zeigen, die nützlich sein können, wenn Widrigkeiten und Belastungen zunehmen. Keine Wahrheiten, Gewissheiten oder Sicherheiten – sondern *Möglichkeiten*. Möglichkeiten stellen für mich genau das dar: Möglichkeiten oder Einladungen. Ich kann mich auf sie einlassen oder nicht – in jedem Falle treffe ich die Entscheidung und das ist nach meinem Verständnis ein bedeutsamer Schritt: *ich entscheide!* Das gilt auch dafür, ob ich Unterstützung suche, bei wem ich sie suche und vor allem auch: ob ich mich als „krank" verstehe.

Das ist etwas, was ich in meiner vierzigjährigen Berufspraxis immer wieder erlebt habe: die Menschen entscheiden selber, was sie wollen, welches ihre Ziele sind, doch allzu oft machen sie sich dann ein wenig zu wenig Gedanken darüber, wie wichtig ihnen diese Ziele tatsächlich sind, wie sie ganz konkret aussehen und welchen sehr konkreten Nutzen sie davon haben.

Mir geht es also darum, Ihnen ein paar Möglichkeiten aufzuzeigen, wenn Sie sich mit der Frage herumplagen, ob sie krank sind, ob sie Hilfe brauchen und was Sie selber tun können (wenn Sie es möchten).

Damit will ich nicht behaupten, dass Unterstützung von Experten nicht erforderlich ist – im Gegenteil: ich möchte Sie vielmehr anregen, bei aller Hoffnung, die Sie in die Arbeit der Experten setzen, Ihre eigenen Möglichkeiten nicht klein zu reden oder zu übersehen.

Deshalb also – ein wenig Spaß beim Lesen und denken Sie daran: Sie haben selber entschieden, dieses Buch zur Hand zu nehmen. Anders gesagt, indem Sie bis hierher gelesen haben, haben Sie sich selber davon überzeugt, dass Sie imstande sind, Ihre eigenen Entscheidungen zu treffen. Und sollten Sie der Meinung sein, dass

*Stimmungen schwanken ...*

das, was Sie bisher gelesen haben, Ihnen nicht gefällt, dann haben Sie deutlich gemacht, dass Sie entscheiden können, was Ihnen gefällt und was nicht. Das – davon bin ich überzeugt – ist der erste bedeutsame Schritt: sich der eigenen Fähigkeiten und Möglichkeiten bewusster zu werden.

Das war das, was ich Ihnen am Anfang sagen wollte.

# Kapitel 1

## Ich habe eine Depression ...

Wenn Sie diesen Satz so zu mir sagen, würde ich Sie als erstes fragen „Und woher wissen Sie das?"

Depression ist nicht ganz einfach zu beschreiben, geschweige denn zu erklären. Im Band *Internationale Klassifikation psychischer Störungen ICD-10*, gewissermaßen die „Bibel der Diagnostik", werden „depressive Episoden" unter den Ziffern F 31 – 33 beschrieben. Auch Fachleuten fällt die entsprechende Zuordnung und Diagnose nicht immer ganz leicht.

Aus diesem Wissen leitet sich meine Frage „Und woher wissen Sie das?" ab. Was genau „ist" eine Depression?[1]

Ob Sie mir glauben oder nicht – zunächst einmal handelt es sich um nichts anderes als um ein Wort. Ein Wort, das etwas beschreibt, was der *Fachmann* zu erkennen glaubt. Das kann, muss aber nicht dasselbe sein, was Sie darunter verstehen. Denn Sie haben dazu eine ganz andere Beziehung und eine ganz andere Perspektive: Sie haben ja schließlich diese Depression. Oder sollte ich sagen: Sie sind der Besitzer?

Deshalb, denke ich, kann es zunächst einmal sehr hilfreich sein, genauer zu erfragen und zu beschreiben, was denn eine Depression sein soll, wie sie sich zeigt und woran sie erkennbar ist.

Da stimmen Fachleute und Sie durchaus nicht immer überein – es gibt nicht nur viele Betrach-

---

[1] Die in den nächsten Abschnitten folgenden Überlegungen habe ich zum ersten Mal in meinem Buch „Manchmal ist es fast zum Verrückt-Werden. Partner psychisch Kranker: Was kann ich tun?" (Wien, 2003) angestellt.

tungsweisen, sondern Sie erleben „Depression" auch ganz anders als Fachleute.

Mir scheint allerdings am Anfang noch etwas Anderes besonders wichtig. Das ist auch der Grund, weshalb ich gerade schrieb, Depression oder depressiv sei zuerst einmal ein Wort. Denn gesagt wird in aller Regel: „Sie *sind* depressiv" und ich denke, dass das so kaum stimmen kann. Nun ja, Sie zeigen etwas, was sich auch so sagen lässt: „Sie *haben* eine Depression."

Das ist doch dasselbe!!

Nun, ich denke – fast, aber nicht ganz. Ich möchte das an einem – zugegeben etwas befremdlichen – Beispiel illustrieren:

„Ich habe ein Auto", das ist der eine Satz. Der andere lautet „Ich bin ein Auto." Das macht, denke ich, einen ziemlichen Unterschied, oder?

Bezogen auf Krankheiten könnte ich auch die folgenden Sätze formulieren: „Ich habe einen Beinbruch" und „Ich bin ein Beinbruch".

Immer dann, so mein Verständnis, wenn das Verb, das Tu- oder Tätigkeitswort „*sein*" angewendet wird, wird die Aussage verallgemeinert: etwas „sein" bedeutet genau das – dies zu sein. Etwas zu haben, bedeutet, dies zu haben, was allerdings die Möglichkeit offen lässt, daneben oder darüber hinaus *noch mehr (und anderes)* zu haben.

Wenn Sie depressiv sind, dann wird „erwartet", dass Sie sich auch so verhalten. Wenn Sie also eine Depression haben, dann eröffnet dies zugleich auch die Möglichkeit, noch mehr (und anderes) zu *haben* oder zu *zeigen*.

Warum ich ein wenig darauf herumreite? Ganz einfach – egal, welche Krankheit Sie haben oder zeigen – *Sie sind mehr als nur diese Krankheit*. Und genau dies könnte verloren gehen, wenn Sie sich plötzlich so sehen, dass Sie depressiv „sind". Sie „sind" immer mehr als nur das. Sie „sind" immer auch noch ein Mensch, der lebt und vor allem, der erlebt und der (er-)leidet.

Und ein anderer Punkt ist mir an dieser Stelle bedeutsam, der sich beinahe von selbst aus dem Gesagten ergibt: niemand – weder Sie noch irgendwelche Fachleute – haben jemals eine „Depression" *gesehen*. Das Einzige, was alle gesehen haben, sind *Verhaltensweisen*, die in ihrer Gesamtheit so *bewertet* werden, dass eine Depression „da" sei.

Das macht eine klare Einschätzung und Bewertung so überaus schwierig, denn viele Verhaltensweisen, die auf „Depression" hinweisen, kennt fast jeder:

- gedrückte Stimmung,
- Interessenverlust,
- Freudlosigkeit,
- Verminderung des Antriebs
- erhöhte Ermüdbarkeit,
- vermindertes Selbstwertgefühl,
- Schlafstörungen,

um nur ein paar aufzuzählen. Das klingt nicht unbekannt und kommt auch in meinem Leben immer mal wieder vor. Deshalb ist die Entscheidung, brauche ich fachkundige Hilfe oder nicht, auch nicht immer ganz einfach zu treffen.

Mir geht es hier darum, auf ein paar Möglichkeiten hinzuweisen, ein wenig anders mit solchen Beschwerlichkeiten umzugehen – und das kann es mir dann erleichtern, die Entscheidung über die Hilfe zu treffen.

Deshalb plädiere ich dafür, mich selber nicht zu schnell zu pathologisieren – mir nicht zu schnell das Etikett „krank" umzuhängen, auch wenn mich dieses Etikett („krank") manchmal von der Verantwortung für das, was ich tue, entlastet, glaub' ich.

Deshalb, denke ich, könnte es hilfreich sein, eine Idee der systemischen Therapie aufzugreifen, die beschreibt, was passieren kann, wenn wir allzu sehr an die Wirklichkeit von Worten glauben. Denn im Grunde *glauben* wir nur, dass das Wort eine bestimmte Wirklichkeit oder Wahrheit anzeigt. Deshalb könnte es nützlich sein, stattdessen das Wort „zeigen" zu verwenden.

Sie zeigen also ein Verhalten, das mit dem Etikett „depressiv" versehen werden *kann*. Das bedeutet aber auch, dass Sie etwas *zeigen*. Wenn Sie genau *das* zeigen können, dann spricht in meinen Augen nichts dagegen, dass Sie *auch anderes zeigen können*. Sie sind einfach „mehr" als eine Depression – Sie „haben" eine Depression und das heißt immer auch, dass Sie noch mehr als nur das haben – und zeigen können.

Sie merken schon – es kommt mir auf die *Perspektive* an: wenn ich mir ein Bein gebrochen habe, dann richtet sich meine Aufmerksamkeit darauf, wieder auf die Beine zukommen. Ich bin mir dabei die ganze Zeit darüber im Klaren, dass das gebrochene Bein nicht mein „ganzes Ich" ist – ich habe *auch* Hände, Ohren, Augen, einen Mund und Vieles mehr. Und ich kann auch mit – oder trotz – eines gebrochenen Beines noch Vieles tun, was ich zu schätzen weiß. Anders gesagt, ich „bin" kein Beinbruch, sondern ein Mensch, der zurzeit ein gebrochenes Bein hat.

Was sollte mich hindern, eine „Depression" auf ähnliche Weise zu sehen? Als einen Teil von mir und eben nicht als die Brille, durch die ich mich nun *ausschließlich* betrachte.

Was kann das konkret bedeuten?

Nun, zunächst einmal, so denke ich, bedeutet es zu respektieren, dass ich (auch) eine

„Depression" habe. Ich brauche es mir weder auszureden, noch zu beschönigen. *Darüber hinaus* – das erscheint mir der wichtige Punkt – „habe" ich einfach noch mehr als „nur" eine Depression. Es fällt mir oft selber nicht leicht, diese Dinge zu sehen, zu erkennen oder gar zu tun – also sollte ich mich auch nicht damit quälen, dass ich es *muss*. Dieses Wort – „*muss*" – sollten Sie vielleicht besser aus Ihrem Sprachschatz streichen. Das könnte oft, so denke ich, eine erste große Erleichterung sein – wenn Sie spüren, dass Sie auch so sein können, wie Sie „sind": mit und ohne Depression.

> *Vielleicht eine kleine Erinnerung – hatten Sie diese Depression schon immer? Und was war davor? Was haben Sie da an sich geschätzt? Und wofür konnten Sie sich da ein Kompliment machen?*

Also darum soll es mir im Folgenden gehen – ein wenig anders zu schauen; nicht immer von Krankheiten zu sprechen, sondern von Herausforderungen, Beschwernissen, Niedergeschlagenheit oder Problemen und weniger von Depression.

Und noch ein Weiteres – wenn Sie niedergeschlagen sind, müde, antriebslos, interesselos, dann ist das eine Zuschreibung, eine Bewertung und Beurteilung Ihres Verhaltens. Das sind Teile von Ihnen, die Sie so sehen … und es sind immer auch noch andere Teile zu sehen, nur fällt es in solchen Situationen nicht leicht, diese wahrzunehmen.

Ein kleines Experiment zu diesen unterschiedlichen Perspektiven:

*Stellen Sie sich hin. Schließen Sie Ihre Augen und sagen Sie laut, wie die Umgebung aussieht, in der Sie sich befinden.*

*Wenn Sie Ihre Augen wieder geöffnet haben, folgt der zweite Teil.*

*Stellen Sie sich hin. Schließen Sie Ihre Augen, heben Sie beide Arme hoch, heben Sie Ihr linkes Bein, strecken Sie es nach hinten, so hoch Sie können und sagen Sie sich laut, wie die Umgebung aussieht, in der Sie sich befinden.*

*Kap. 1: Ich habe eine Depression ...*

Ich vermute, dass Ihnen der erste Teil des Experiments leichter fällt als der zweite – denn bei Letzterem konzentrieren Sie sich auf andere Sachen – Gleichgewicht, Körpergefühl, Anstrengung – und das genau ist das, was Perspektive und Aufmerksamkeitsrichtung schaffen: anderes Erleben, anderes Sehen und damit ... *anderes*.

# Kapitel 2

## Niedergeschlagen ... depressiv ... und dann?

Manche Tage beginnen schon am Morgen so, dass es einfach besser wäre, es gäbe sie gar nicht. Kennen Sie vermutlich auch. Laune schlecht, Stimmung schlecht und dann um einen herum lauter nette Leute, die einen aufmuntern wollen. Für mich mit das Unangenehmste, was es gibt. Es geht mir schlecht, und ich habe alles Recht der Welt, es mir schlecht gehen zu lassen.

Der gemeinste Satz ist immer der: „Ich weiß gar nicht, was du hast. Schau' dich doch bloß 'mal um. Anderen geht es doch noch schlechter."

Das weiß ich selber, aber mir geht es im Moment schlecht und alles, was ich brauche, ist

… Verständnis. Verständnis dafür, dass es mir schlecht geht. Ich fühle und erlebe das. Da nutzt es mir überhaupt nichts, mich mit anderen zu vergleichen. Denen geht es vielleicht wirklich schlechter, aber mir geht es jetzt schlecht und das möchte ich – verdammt noch 'mal – gewürdigt wissen. Erst dann bin ich – zumindest ein bisschen – bereit, auch andere zu sehen, mich ein wenig mit ihnen zu vergleichen.

Ich glaube, wenn andere mich einfach nur aufmuntern wollen, dann machen sie es für mich nur noch schlimmer, und ich könnte anfangen zu denken, ich hätte wirklich eine Depression, ich wäre wirklich krank.

Mich haben solche Erfahrungen nachdenklich gemacht. Nein, nicht in der Situation, als es mir schlecht ging. Nein, später, als es mir wieder besser ging und ich gelassener auf diese Zeit zurückblicken konnte. Dann habe ich mich oft gefragt: war ich depressiv oder „nur" niedergeschlagen?

Da es mir wieder besser ging, habe ich mich entschieden, zunächst davon auszugehen, dass ich niedergeschlagen war. Ich habe mir dann später immer eine Zeit gesetzt, bis zu der es mir besser gehen sollte. Wenn das geschah, war ich „nur" niedergeschlagen.

Das hatte einen spannenden Nebeneffekt – ich habe mich gefragt, was mir geholfen hat, dass es mir wieder besser gegangen war. Und, tatsächlich, ich habe sogar Antworten gefunden – Antworten, die *mich* überzeugt haben.

Die eine betrifft meine Perspektive. Darüber habe ich im vorherigen Kapitel etwas geschrieben. Perspektive hat etwas mit schauen, mit sehen zu tun und mir ist aufgefallen – Sie wissen das selber auch –, dass immer dann, wenn es mir schlecht geht, ich niedergeschlagen bin, sich meine Perspektive verändert. Ich meine nicht nur das Erleben – dass die Niedergeschlagenheit so groß scheint, dass ich nichts anderes mehr wahrnehme. Ich meine ganz konkret meinen Blick.

*Kap. 2:* Niedergeschlagen ... depressiv ... und dann?

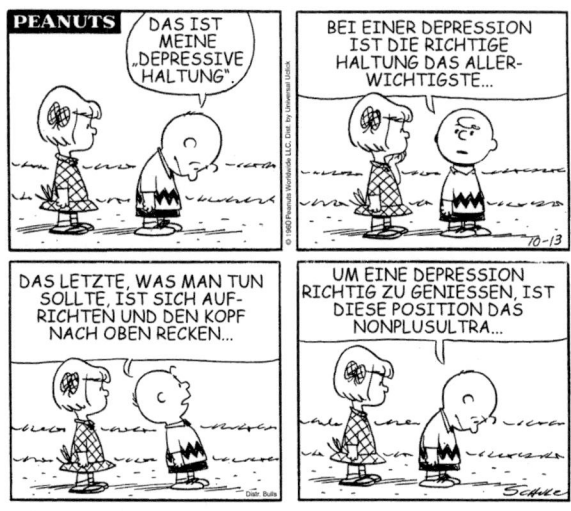

Ich glaube, viel unmissverständlicher lässt es sich kaum beschreiben. Geht es mir schlecht, bin ich niedergeschlagen, schaue nach unten. Sehe wenig anderes. Stehe bei mir im Mittelpunkt. Mache mich klein. Kapsele mich ab. Genau dies – das ist bekannt – ist eine der wesentlichen Bedingungen, damit Niedergeschlagenheit bleibt und/oder größer wird.

„Das Verkehrteste" besteht darin, einfach zu schauen. Sie sehen den anderen – der Blick ganz anders, erhoben, den anderen betrachtend, die Umwelt sehend, aufmerksam für andere Dinge.

Deshalb, glaube ich, funktioniert eine Methode ziemlich sicher, um Niedergeschlagenheit zu verkleinern bzw. zu verzwergen. Ich nenne sie scherzhaft, die Faust- oder die Zwei-Finger-Methode.

> Wenn ich jemandem, der niedergeschlagen ist, sage, ich kenne eine todsichere Methode dagegen, ernte ich zunächst einen ungläubigen Blick. Sie haben es gemerkt – die erste kleine Veränderung: der Niedergeschlagene hat seinen Blick erhoben und schaut mich an.
>
> Ich nenne die beiden Methoden und frage, welche er hören möchte: die Zwei-Finger- oder die Faust-Methode. Sie können es sich schon denken, die meisten möchten die Zwei-Finger-Methode kennen lernen. Und schon ist eine weitere kleine Veränderung eingetreten: die niedergeschlagene Person scheint ein wenig neugierig geworden zu sein. Ihr Gefühl hat sich also – zumindest ein kleines bisschen – verändert.

Gut, sage ich dann, also die Zwei-Finger-Methode, um dann fortzufahren: Nehmen Sie Ihre rechte Hand (die meisten Menschen sind Rechtshänder), strecken Sie Zeige- und Mittelfinger aus (die übrigen Finger liegen angewinkelt im Handinnern – ich mache das vor) und dann gehen Sie damit unter Ihr Kinn und drücken Ihren Kopf hoch, so dass Sie geradeaus schauen können.

Ich mache auch dies vor – der Kopf hebt sich und der Blick geht von unten, von den Füßen, hoch zum Gegenüber. Lächelnd füge ich hinzu: Sie können dazu auch die Faust benutzen.

Ob Sie es glauben oder nicht, es funktioniert – zumindest bei mir.

Daraus ließe sich ein etwas anderes Umgehen mit Niedergeschlagenheit ableiten:

Nehmen Sie sich, wenn Sie niedergeschlagen sind, innerhalb der nächsten zwei Stunden eine halbe Stunde Zeit. Gehen Sie spazieren und zwar dort, wo Sie anderen Menschen begegnen. Sie müssen nichts weiter machen, außer dass Sie Ihren Kopf erhoben halten, so dass Sie nicht auf Ihre Füße, sondern geradeaus auf all das schauen, was vor Ihnen ist.

Probieren Sie es einfach einmal aus. Das können Sie übrigens auch dann machen, wenn es Ihnen gut geht – nur … dann machen Sie das meist schon automatisch.

Aber ich möchte noch einmal auf Charly Brown zurückkommen.

Sie stehen da, niedergeschlagen, so wie Charly es zeigt. Den Blick nach unten, Schultern hängen. Nun steht jemand vor Ihnen, ein Freund, ein Kollege, ein guter Bekannter, dem Sie gerade gesagt haben, dass und wie sehr Sie sich niedergeschlagen fühlen. Ihr Gegenüber sieht Sie und kann Ihnen da nur zustimmen – und das mit den Worten: „Wenn ich dich so anschaue – stimmt, darin bist du wirklich gut."

Ich vermute, dass Sie darauf vielleicht ein wenig ungewöhnlich reagieren könnten: „Was soll das? Spinnst du?"

Sie erkennen bestimmt den Unterschied. Sicher.

Ihre Reaktion ist eine andere – Ärger und Wut. Und wo ist nun die Niedergeschlagenheit? Es gibt, das versichern uns Psychologen, Gefühle, die können nicht zusammen auftreten. Niedergeschlagenheit und Wut sind so ein Paar.

Damit plädiere ich nicht dafür, den anderen wütend zu machen. Ich möchte nur darauf aufmerksam machen, dass ein Niedergeschlagener immer auch noch die Fähigkeit und das Vermögen hat, andere Gefühle als nur die Niedergeschlagenheit zu *erleben*. Um mich zu wiederholen – er „hat" Niedergeschlagenheit, er „fühlt" sie – und er kann auch dann noch anderes „haben" und fühlen.

Das erscheint mir wichtig. Denn meist – ich weiß nicht, wie Ihnen das geht, wie Sie so etwas erleben – „habe" ich neben der Niedergeschlagenheit auch den Wunsch, dass da jemand auf mich zugeht, mir sagt, dass ich okay bin und an mich glaubt. Nur denke ich, wenn ich niedergeschlagen bin, vor mich hingucke, mich abkapsele, dann fällt es allen Menschen schwer, wertschätzend auf mich zuzugehen. Damit, glaube ich, trage ich meinen Teil dazu bei, dass das, was ich mir wünsche, *nicht* eintritt.

Und – noch wichtiger – ich glaube, dass dann, wenn ich vor mich auf den Boden schaue, ich die Person, von der ich möchte, dass sie so positiv auf mich zukommt, weder wahrnehme, noch sie ermuntere, auf mich zuzugehen. Und prompt schließt sich der selbstverstärkende negative Kreislauf: niemand da, der auf meiner Seite steht. Ich kann die nächste Klage los lassen und mich weiter in meine Niedergeschlagenheit einkapseln ... und den anderen dafür die Schuld in die Schuhe schieben.

Also – denken Sie daran – hochschauen und spazieren gehen.

# Kapitel 3

## Wieso? Warum? Oder: Gute Gründe

Wenn es mich trifft – besonders, wenn es sich um eher Unangenehmes handelt – suche ich nach Erklärungen. Wieso trifft es ausgerechnet mich? Und genau jetzt?

Es gäbe noch jede Menge anderer Fragen, und dennoch – wieso suche ich nach Gründen? Letztlich, glaube ich, geht es *mir* darum, *Einfluss nehmen zu können*. Anders gesagt – ich suche nach Gründen, die mich entweder entschuldigen oder die mir Handlungsmöglichkeiten anbieten.

*„Entschuldigen"* – das heißt nichts anderes, als mich von „Schuld" an dem, was geschehen ist, frei zu sprechen. Ich kann nichts dafür. Ich bin Opfer. Das macht es nicht besser, aber ich bin

schuldlos. Was fehlt, ist ganz einfach eine Idee, was ich tun kann, um meine missliche Lage zu verbessern, um meine Niedergeschlagenheit zu verkleinern.

*„Handlungsmöglichkeiten bieten"* – das heißt, ich kann etwas tun und zwar etwas, das meine Niedergeschlagenheit aufhellt. Was immer das sein mag. Darauf kommt es nicht an – es kommt darauf an, etwas zu tun und *nicht* zu grübeln.

Nur – wenn ich keine Gründe, keine Erklärungen finde, dann fühle ich mich meist noch schlechter. Ich kann mich nicht „entschuld(ig)en", und ich kann nichts tun. Das ist, denke ich, nur eine andere Beschreibung für das Gefühl, dem Schicksal – oder wie immer ich das nenne – hilflos ausgeliefert zu sein. Insofern geht es bei der Suche nach den Gründen immer darum, glaube ich, solche Gründe zu finden, die meine Niedergeschlagenheit aufhellen, die mich „entschuld(ig)en" *und* die mir Handlungsmöglichkeiten aufzeigen.

Mir hat geholfen, nicht nach den „wirklich wahren Gründen oder Ursachen" zu suchen, sondern nach denen, die mir helfen, wieder handlungsfähig zu werden. Dabei war mir eine Erkenntnis von Hägar, dem Schrecklichen, nützlich, der auch nach „guten Gründen" suchte:

### Kap. 3: Wieso? Warum? Oder: Gute Gründe

Wenn es nicht den einzig „wirklich wahren Grund" gibt, dann fühle ich mich jedenfalls freier, einfach etwas zu tun.

Ich weiß – das scheint so leicht dahin gesagt, wenn es Ihnen schlecht geht: „Tun Sie einfach etwas!"

Meist gehen wir davon aus, dass wir vielschichtige Personen sind. Zumindest glauben die meisten an eine Art Dreiteilung: Geist – Seele – Körper. In einer etwas anderen Formulierung spreche ich von Denken, Fühlen, Handeln oder wie der Volksmund meint: Kopf, Herz und Hand.

Dabei neige ich – besonders wenn ich mich niedergeschlagen fühle – zu der Idee, dass ich durchaus weiß, was mir jetzt helfen würde, was ich tun müsste, doch ich kann das nicht tun, weil es mir schlecht geht. Anders gesagt: erst wenn mein Gefühl ein anderes wird („besser fühlen"), kann ich das, was mir gut täte, auch wirklich tun.

Genau das dachte ich früher auch immer. Bis ich merkte, dass ich mich damit in eine Art Falle bugsiere – ich merkte, dass es mir schlecht ging, ich wusste, was mir helfen würde, und ich war mir sicher, dass ich genau das nicht tun kann, weil es mir schlecht geht. Psychologen sprechen von einem sich selbst verstärkenden (in diesem Falle: negativen) Kreislauf.

Wenn es mir wieder besser ging, und ich über solche Situationen nachdachte, lächelte ich schon ein wenig – ich wusste dann nämlich, ich hatte mich nur nicht getraut, das zu tun. Ich hätte mir einfach die Gesellschaft von anderen gewünscht, die mich mögen, die mich so nehmen, wie ich bin und die mich auch so lassen. Nur – wenn ich zu Hause niedergeschlagen auf dem Sofa lag, woher sollten genau diese Leute wissen, dass ich sie brauchte?

Ja, genau: ich hätte es ihnen irgendwie sagen müssen und das hätte bedeutet, ich hätte etwas *tun* müssen. Sie erinnern sich an das Ende des vorherigen Kapitels. Da hatte ich genau davon erzählt.

Ich denke, es kann in solchen Situation nur hilfreich sein, wenn ich einfach etwas tue – und zwar etwas, was mir gut tut. Nur, das wissen Sie auch, wenn ich niedergeschlagen bin, dann fällt mir genau das, was ich brauche, nicht einfach ein. Deshalb könnte eine Vorbereitung gut sein, glaube ich.

Wenn es Ihnen gut geht, so dass Sie bereit sind, sich einmal gedanklich mit den Situationen zu beschäftigen, als Sie niedergeschlagen waren, dann suchen Sie sich einen ruhigen Ort, machen es sich – mit Papier und Bleistift – gemütlich. Vielleicht bereiten Sie sich einen Kaffee oder einen Tee zu. Was auch immer Ihr Wohlbefinden fördern kann. Dann denken Sie an eine solche zurückliegende Situation und überlegen Sie, was Ihnen in der Situation gut getan hätte. Schreiben Sie einfach alles auf, was Ihnen einfällt.

Achtung! Bewerten Sie Ihre Ideen nicht! Einfach aufschreiben!

Ich habe keine Ahnung, was Ihnen einfallen wird. Mir kamen solche Sachen in den Sinn wie

– schwimmen oder in die Sauna gehen
– einen Freund einladen
– Essen gehen

- mir etwas Schönes kochen
- spazieren gehen
- einen Capuccino zubereiten
- Schokolade essen
- im Garten arbeiten
- einen Freund besuchen
- telefonieren mit …
- eine Runde laufen oder Fahrrad fahren
- in die Badewanne gehen …

Ihnen werden sicher ganz konkrete Dinge einfallen. Schreiben Sie die alle auf. Dann schneiden Sie das Aufgeschriebene aus, so dass *ein* Streifen Papier immer *eine* Idee enthält.

Die Papierstreifen falten Sie zusammen und bewahren Sie sie in einem Behälter auf, den Sie an einem Ort aufstellen, an dem Sie mehrmals am Tag vorbeigehen.

Wenn Sie sich dann wieder einmal schlecht fühlen, nach Gründen suchen und merken, wie Sie dabei sind, in all Ihrem Elend zu versinken, dann gehen Sie zu dem Behälter, öffnen ihn, ziehen einen Zettel *und machen sofort das, was darauf steht.*

Drei Dinge, die mir dabei wichtig sind (Sie wissen schon: aller guten Dinge sind drei):

1. Sie werden den Behälter, da er an einem Ort steht, an dem Sie mehrmals am Tag vorbeigehen, *immer wieder sehen* und sich – nicht bewusst, aber ein klein wenig – daran erinnern, das darin die *Papierstreifen liegen, auf denen steht, was Ihnen gut tut.*
2. Die Papierstreifen und der Behälter sind nicht nur Ihr „Werk", sondern enthalten *auch Ihre Ideen,* weil Sie wissen, was Ihnen gut tut.
3. Wenn Sie den Behälter öffnen, *tun* Sie das einfach und schalten Sie, auch wenn das nicht geht, Ihren Kopf aus, denn die Gedanken könnten Sie leicht daran hindern, dass Sie sich etwas Gutes tun.

Natürlich kann es sein, dass Sie sich einen Zettel nehmen und dann doch nichts machen. Auch nicht schlimm, denn Sie haben dadurch sich selber bewiesen, dass Sie auch in einer solchen Situation imstande sind, Entscheidungen zu treffen.

Schauen Sie sich das Wort „Entscheidungen" noch einmal genau an – es erinnert irgendwie an „Enttäuschung".

Wie?

Nun, wenn Sie sich entscheiden, dann haben Sie sich von etwas geschieden, losgesagt. Das heißt, jede Entscheidung bedeutet immer, sich von Möglichkeiten zu verabschieden, sich von Ihnen zu scheiden. Das macht es ja so schwer, sich zu entscheiden – weil etwas, andere Möglichkeiten, verloren gehen.

Das ist dasselbe mit der „Enttäuschung". Die Zeit der Täuschung ist vorbei. Keine Täuschung mehr. Sondern eine Ent-Täuschung. Das tut manchmal weh, weil man etwas erkennen könnte, was man nicht so gerne sehen möchte.

Kurz gesagt und kurz zusammengefasst: Gehirn abschalten und das tun, was Ihnen gut tut. Darüber nachdenken, sollten Sie erst danach.

Hört sich einfach an, oder? Keine Angst – ich weiß, wie herausfordernd das sein kann.

# Kapitel 4

## Nicht nur der Teufel steckt immer im Detail ...

Was ich meine und worauf ich Ihre Aufmerksamkeit lenken möchte, ist dieses kleine Wörtchen „immer".

„Immer" gehört - genau wie solche Bezeichnungen wie „manchmal", „meistens", „dauernd" - zu den, wie ich es nenne, *unbestimmten Zeitangaben*. Klar, es ist nicht immer möglich, Zeiten eindeutig zu begrenzen, doch wenn es um Leiden, Niedergeschlagenheit oder Probleme geht, entwickeln solche unbestimmten Zeitangaben fast immer (auch eine unbestimmte Zeit- oder Häufigkeitsangabe) negativ gefärbte Wirkungen.

Wenn wir leiden, dann neigen wir dazu, das Leiden – wie ich es manchmal scherzhaft nenne – zu *verewigen*: wir leiden, immer, ununterbrochen, ohne Pause. Natürlich, wenn ich leide und ein wenig genauer schaue, dann merke ich zumindest, dass es immer *auch* Zeiten gibt, wo das Leiden nicht *so* stark ist, wie erwartet oder ich mich gar nicht erinnern kann, ob es da war oder nicht.

Ich bin mittlerweile davon überzeugt, dass ich so etwas nur wissen kann, weil ich davon weiß! Diese Aussage ist nun durchaus nicht trivial, denn sie sagt etwas über mich selber aus: ich weiß etwas von besseren Zeiten, ich habe eine Ahnung, wie diese aussehen, und ich kann mich *meist* auch daran erinnern, dass es *früher* (das waren, Sie haben es gemerkt, zwei unbestimmte Zeitangaben) auch bei mir solche besseren oder zumindest nicht ganz so schlimmen Zeiten gegeben hat.

Das ist für mich ein wichtiger Punkt, den ich früher oft wenig oder gar nicht bedacht habe. Niedergeschlagenheit kann ich nur daran erkennen, dass es auch das andere, das Bessere, das Gegenteil gibt. Sonst wäre Niedergeschlagenheit gewissermaßen das Normale, der Normalzustand. Ich möchte das am Beispiel des

Glücks und der Niedergeschlagenheit erläutern.

Ein gelehrter Kollege hat einmal sinngemäß gesagt, dass die sicherste Möglichkeit, unglücklich zu werden, die ist, *immer* glücklich sein zu wollen.

Und ein anderer – auch ein gelehrter – Kollege hat den Satz geprägt, Information ist ein Unterschied, der einen Unterschied macht.

Glück und Unglück wären, folge ich dem zweiten Kollegen, nicht wahrnehmbar, solange sie sich nicht voneinander unterscheiden. Ein solches Unterscheiden heißt dann immer auch, diesen Unterschied zu spüren, zu erfahren, zu erleben oder ganz einfach zu fühlen. Anders gesagt, nur dadurch, dass ich erlebt habe, was Unglück bedeutet und was Glück bedeutet, kann ich beide voneinander unterscheiden.

Daraus ließe sich schlussfolgern, dass es so etwas wie dauerndes Glück – das auch ewig währt – gar nicht geben kann, denn dann wäre der Zustand „Glück" der Normalzustand.

***Kap. 4:*** *Nicht nur der Teufel steckt immer im Detail ...*

Menschen können nur dann etwas wahrnehmen oder erkennen, wenn sie das von etwas anderem unterscheiden. Nicht umsonst treten viele Zustände, Befindlichkeiten, Beschreibungen paarweise auf – gut und schlecht; richtig und falsch; Tag und Nacht; links und rechts; Glück und Unglück; hart und weich; süß und sauer; kurz und lang. Oder eben niedergeschlagen und froh gestimmt.

Anders gesagt, „erkennen" und „wahrnehmen"[2] beruhen vermutlich darauf, Unterscheidungen zu treffen. Würde immer die Sonne scheinen, würde es mir schwer fallen, dies wahrzunehmen, einfach weil die Sonne immer da ist.

Und was hat das alles mit Niedergeschlagenheit zu tun?

Nun – die Antwort liegt vermutlich auf der Hand und erscheint so klar und einfach, dass sie schon beinahe trivial klingt: „Niederge-

---

[2] Ich schreibe „erkennen" und „wahrnehmen" mit kleinen Anfangsbuchstaben, um damit deutlich zu machen, dass es um Handlungen, um Tätigkeiten geht (Verb als „Tu"-Wort) und nicht um Dinge und Sachen.

schlagenheit" ist die Bezeichnung für einen Unterschied. Und da wird es heikel – einen Unterschied von was?

Komme ich auf den ersten Kollegen zurück, der da meinte, die sicherste Möglichkeit, unglücklich (niedergeschlagen) zu werden, ist die, immer glücklich (froh gestimmt) sein zu wollen.

Arbeite ich nämlich daran, immer froh gestimmt sein zu wollen, dann könnten zwei Dinge passieren. Zum einen: wenn es mir tatsächlich gelänge, *immer* froh gestimmt zu sein, würde ich mich vermutlich nach einer (wohl eher kurzen) Zeit, daran gewöhnt haben. Es ist einfach nichts Besonderes mehr. Es ist eben immer – immer dasselbe. „Froh gestimmt sein" wäre so selbstverständlich, dass es nur noch schwer als solches zu bemerken wäre.

Zum anderen: wenn es mir *nicht* gelänge, *immer* froh gestimmt zu sein, würde sich mein Hauptaugenmerk vermutlich genau darauf richten – darauf, dass ich es *nicht* geschafft habe, *immer* froh gestimmt zu sein, und ich würde immer mehr erleben und bemerken, dass ich *immer* versage, weil ich nicht immer froh gestimmt bin. Im Laufe dieser Zeit würde ich vermutlich meine Hoffnung schwinden sehen – ich würde immer weniger daran glauben, immer froh gestimmt zu sein und genau dies würde einen Großteil meiner Erfahrung und meines Erlebens ausmachen: ich bin gescheitert. Ich habe es nicht geschafft. Ich bin nicht froh gestimmt.

Deshalb bin ich überzeugt, dass einfach beides dazugehört – wie bei einer Medaille. Und da Medaillen bekanntlich *drei Seiten* haben, denke ich, dass die dritte Seite, die Schmalseite, eben ich selber bin. Ich, der ich die Medaille bewegen und drehen kann, so dass einmal die eine und ein anderes Mal die andere Seite oben zu liegen kommt.

Es geht, glaube ich, eben nicht um „immer", sondern vielmehr um „immer mal wieder". Ich bin „immer mal wieder" niedergeschlagen und ich bin „immer mal wieder" froh gestimmt. Anders gesagt – ich kann beides. Nicht unbedingt gleich gut, aber ich kann es.

Das soll nun nicht heißen, das Leiden zu bagatellisieren – keinesfalls. Ich möchte nur darauf aufmerksam machen, dass es *neben* dem Leiden auch Zeiten gibt, wo es *ein bisschen* besser zu sein scheint. Und diese Zeiten, so meine Erwartungen, haben eine nicht zu unterschätzende Bedeutung: sie stärken die *Hoffnung*! Ohne Hoffnung wäre es sinn- und zwecklos weiterzumachen, sich anzustrengen – denn es gäbe dann ja keine Hoffnung.

Aus der Forschung über die Wirksamkeit der Psychotherapie ist bekannt, dass Hoffnung (auf Verbesserung) ein bedeutsamer Faktor ist, damit Psychotherapie überhaupt wirken kann.

Ich selber weiß das nur allzu gut – wenn ich keine Hoffnung habe, etwas zu erreichen, was ich gerne erreichen möchte, dann erlahmen meine Kräfte allzu bald, dann werde ich lust- und ideenlos, dann lasse ich es bald ganz bleiben und sage mir „es geht ja doch nicht."

Insofern kann ich nur wiederholen, was ich bereits mehrfach geschrieben habe: es kommt zum einen auf die Perspektive an und zum anderen darauf, dass ich mir im Klaren darüber bleibe, dass ich nicht etwas „bin", sondern etwas „habe", um meine Perspektive auch darauf zu richten, was ich „noch alles" habe. Das wird nicht immer ganz einfach sein.

Das, was uns schwer fällt zu erkennen und wahrzunehmen, ist in der Regel das, was funktioniert. Wenn ich froh gestimmt bin, mache ich mir darüber kaum Gedanken – ich genieße es eher. Bin ich niedergeschlagen, dann beginnen meine Gedanken zu kreisen: wieso, warum, weshalb? Und ich finde keine Antwort, außer dass ich spüre, wie ich niedergeschlagener werde.

Da kann, glaube ich, ein kleiner Perspektivenwechsel hilfreich sein – nämlich auf all die Dinge zu schauen, die „ganz selbstverständlich" funktionieren. Selbstverständliches wirkt oft so selbstverständlich, dass ich mir selbstverständlich keine Gedanken darüber mache. Und es sind, glaube ich, gerade diese kleinen Selbstverständlichkeiten, die das Leben immer wieder ein bisschen lebenswert machen.

Deshalb möchte ich Sie zu einer kleinen Übung einladen:

> Nehmen Sie sich fünfzehn Minuten Zeit. Suchen Sie sich einen ruhigen Platz, an dem Sie

diese fünfzehn Minuten ungestört denken und arbeiten können.

Setzen Sie sich entspannt hin. Stellen Sie sich einen Küchenwecker, eine Eieruhr, die Sie nach fünfzehn Minuten daran erinnert, dass die Zeit um ist.

Wenn Sie nun entspannt da sitzen, mit offenen oder geschlossenen Augen, denken Sie einfach einmal darüber nach, wie der Tag bisher verlaufen ist.

Fangen Sie damit an, indem Sie daran denken, wie Sie aufgewacht sind. Überlegen Sie, was Ihnen als erstes einfällt, was gelaufen ist, was geklappt hat, was gut war – und was dabei so unauffällig war, dass Sie es zunächst ganz selbstverständlich für nicht der Rede wert halten.

Das könnte als erstes sein, dass Sie sich sagen, ich habe schlafen können … und das in meinem Bett.

Was war das nächste kleine Selbstverständliche? Dass Sie in Ruhe Ihr Klo benutzen konnten? Dass Sie etwas zum Essen gefunden haben? Dass Sie ein Dach über dem Kopf haben? Dass Sie das Zeug zum Anziehen gewählt haben, dass Ihnen gefällt? Dass Sie im Radio eines Ihrer Lieblingslieder hörten? Was auch immer – es geht um *Ihre Selbstverständlichkeiten.*

Ich habe keine Ahnung, welche kleinen Selbstverständlichkeiten Ihnen bis zu diesem Zeitpunkt des Tages begegnet sind. Ich denke, dass es gut sein könnte, sich diese einmal bewusst zu machen und bewusst zu halten. Denn all diese Selbstverständlichkeiten betonen die Seite der Stimmung, die sich in Richtung „angenehm" bewegt. Das bringt die andere Seite nicht zum Verschwinden, *fügt ihr aber etwas hinzu.*

Nach fünfzehn Minuten klingelt der Küchenwecker. Sie strecken sich, stehen auf, stellen den Küchenwecker weg, halten inne und denken noch einmal kurz darüber nach, was Sie gerade gemacht habe und fahren dann mit Ihrem Tagwerk fort.

Genau darauf möchte ich Sie gerne immer (mal wieder) – Sie erinnern sich: ein unbestimmter

Zeitbegriff – hinweisen und dazu einladen, das „Auf und Ab" Ihres Lebens, Ihrer Befindlichkeiten auch mit einer anderen Brille, einer anderen Linse zu betrachten.

Es geht „auf und ab", rauf und runter. Um ein Bild zu nutzen:

Das ist ziemlich klar erkennbar. Doch welches ist die allgemeine Richtung? Gleich bleibend? Runter? Oder rauf?

Insofern sagt rauf und runter wenig über die allgemeine Richtung aus – auch ein „runter" kann daher ein „rauf" bedeuten:

Wie gesagt: kann!

# Kapitel 5

## Schau' mir in die Augen, Kleines …

Vielleicht erinnern Sie sich an diesen Ausspruch, kennen ihn oder haben noch Humphrey Bogart vor Augen, wie er diesen Satz in *Casablanca* spricht. Er guckt dabei eine Frau an, und ich möchte Sie fragen, wer Sie anguckt, wenn Sie niedergeschlagen sind, wenn Ihre Stimmung in den „roten Bereich" abgefallen ist.

Vermutlich schaut niemand Sie an, und Sie schauen auch eher niemanden an, weil Sie wohl eher zu Boden schauen. Schade, kann ich da nur sagen, denn so versäumen Sie es, einen großartigen Menschen kennen zu lernen. Wen? Na klar – sich selber!

Was ich meine, ist Folgendes. Ich hatte das bereits kurz erwähnt – ich habe in solchen Situationen den Wunsch, dass da jemand auf mich zugeht, mir sagt, dass ich okay bin und an mich glaubt (S. 36). Und niemand ist da, und durch mein Verhalten mache ich es anderen auch schwer, so, wie ich es gerne hätte, auf mich zuzugehen.

Doch es gibt andere Möglichkeiten – wenn Sie sich trauen.

> Wenn Sie am Morgen aufstehen, werden Sie früher oder später an einem Spiegel vorbeilaufen. Halten Sie einen Moment inne, und schauen Sie sich den Menschen, der Ihnen da im Spiegel gegenübersteht, einfach an. Begrüßen Sie ihn, sagen Sie ihm, dass er die erste Person ist, die Sie heute Morgen getroffen haben. Machen Sie eine Pause, schauen Sie weiter, und *lächeln Sie die Person im Spiegel an.*
>
> Wenn Sie jetzt genau schauen, dann erkennen Sie, dass auch Sie angelächelt werden.

Ich mache diese kleine Übung öfters und mir ist aufgefallen, dass es mir immer leichter gefallen ist, die Person im Spiegel anzulächeln.

Und, ob Sie es glauben oder nicht, dieses Lächeln tut mir gut.

Wenn Sie an das letzte Kapitel zurückdenken, dort hatte ich Ihnen eine kleine Übung vorgeschlagen, über die vielen kleinen Selbstverständlichkeiten in Ihrem Tagesablauf nachzudenken. Dieses morgendliche Spiegelritual ist für mich eine dieser kleinen und angenehmen Selbstverständlichkeiten, die ich kurze Zeit später zwar schon wieder vergessen habe, doch die Wirkung des Lächelns bleibt bestehen.

Und ich lade Sie ein, eine weitere kleine Übung zu machen, um sich gut einzustimmen:

> Stellen Sie sich vor den Spiegel, schauen Sie sich an. Sie müssen nicht einmal lächeln. Und nun erzählen Sie sich – also der Person im Spiegel –, was Sie bewegt.
>
> Wichtig: Sie müssen es laut erzählen, denn nur wenn Sie laut reden, können Sie sich auch zuhören. Und das „sich zuhören" ist wichtig.

Das klingt vielleicht ungewöhnlich, aber nicht nur ich, sondern auch viele Menschen, die mich um Rat gefragt und diesen Rat erhalten haben, haben es ausprobiert – mit gutem Erfolg.

Ich möchte Ihnen auch meine Erklärung liefern, weshalb ich überzeugt bin, dass dies funktioniert.

Es geht ums „stimmen". Jeder, der ein Musikinstrument stimmt, weiß, dass er dazu „Musik" machen muss. Beim Klavier werden Tasten angeschlagen, bei der Gitarre Saiten gezupft. Es geht immer (!) darum, dass ein Laut entsteht, der hörbar ist. Stimmen verlangt also auch das Zuhören. Und meinen eigenen Gedanken kann ich nicht zuhören – außer ich spreche sie laut aus.

Das hat – darauf haben mich die Leute hingewiesen, die diese Übung praktiziert haben – noch einen überaus positiven Nebeneffekt.

Geht es mir nämlich nicht so gut, verfalle ich leicht und schnell ins Grübeln. Ich grübele dann darüber, was aus welchen Gründen schief läuft und beginne damit einen sich selbst verstärkenden negativen Kreislauf (s. S. 43), aus dem ich, habe ich ihn erst einmal in Gang gesetzt, nur noch schwer herauskomme.

Gedanken laufen einfach zu schnell ab. Das ist der Grund, laut zu reden. Vermutlich geht es Ihnen da so wie mir: ich kann nicht so schnell reden, wie ich denken kann. Wenn ich also laut rede, verlangsamt sich beinahe automatisch mein Denken. Deshalb ist es wichtig, laut zu sprechen und sich anzuschauen.

Natürlich können Sie diese Übung auch verändern:

> Sie nehmen sich täglich fünf Minuten Zeit. Gut ist es, eine feste Zeit zu wählen, so dass aus dieser kleinen Übung ein beinahe sich selbst verstärkendes tägliches Ritual wird.

> Am besten stehen Sie bei dieser Übung, um das Besondere zu unterstreichen.

> Die Zeit nehmen Sie wieder mit der Eieruhr oder dem Küchenwecker.

> Dann beginnen Sie sich *laut zu sagen*, was Sie am heutigen Tag gemacht haben, mit dem Sie zufrieden sind. Sie müssen nicht einmal davon begeistert sein – es reicht völlig, wenn

Sie das in Ordnung finden oder damit zufrieden sind.

Klingelt die Eieruhr oder der Wecker, nicken Sie kurz mit dem Kopf und bedanken sich laut bei sich dafür, dass Sie sich das gesagt haben.

Auch diese Übung lässt sich ein wenig variieren, um tägliche Übergänge zu markieren – z.B. wenn Sie von der Arbeit nach Hause kommen und dann wirklich Feierabend haben. Für Menschen, die zu Hause arbeiten, könnte so ein Übergangsritual – von der Arbeit zum Feierabend – noch wichtiger sein.

Überlegen Sie sich ein kleines Ritual, das Ihnen versinnbildlicht, dass Sie jetzt nicht mehr arbeiten, sondern Freizeit haben. Wichtig ist nur, dass dieses Ritual klein und nicht zu aufwendig ist, sowie auch tatsächlich durchführbar.

Sie können sich z.B. als erstes umziehen, so dass die Kleidung Ihnen versinnbildlicht, dass jetzt Feierabend ist. Oder Sie gehen einmal durch alle Räume der Wohnung und – wenn Sie mit jemanden zusammenleben –

begrüßen jede Person mit einem freundlichen Satz. Oder Sie gehen als erstes in die Küche, schenken sich ein Glas Wasser ein, setzen sich, trinken es langsam aus und sobald Sie das leere Glas wegstellen, beginnt Ihr Feierabend.

Sobald Sie also zu Hause sind und Ihre berufliche Arbeit tatsächlich vorbei ist, führen Sie das von Ihnen gewählte Ritual aus.

Ich glaube, dass zwei Dinge hilfreich sein können, sich einzustimmen – zum einen, dass *Sie angeschaut werden* (und sei es „nur", dass Sie sich im Spiegel anschauen) und zum anderen, dass Sie etwas Konkretes *tun* – laut mit und zu sich reden oder ein festes Ritual ausführen. Beides sind Tätigkeiten und wenn Tätigkeiten sich in einem positiven Rahmen bewegen, dann wächst die Wahrscheinlichkeit, dass sich dies auch positiv auf die eigene Befindlichkeit auswirkt.

Und das war es doch, was Sie wollten, oder?

# Kapitel 6

## Einstimmen

Musikinstrumente, darauf hatte ich im letzten Kapitel hingewiesen, werden gestimmt, damit sie gut klingen. Ich möchte Sie an dieser Stelle auch noch darauf aufmerksam machen, dass dieses „stimmen" üblicherweise erfolgt, bevor die Instrumente benutzt werden. Da ließe sich fragen, ob das nicht auch eine gute Idee für mich selber sein könnte: mich zu stimmen, einzustimmen, gewissermaßen mich vorzubereiten.

Das ist im Sport gang und gäbe – aufwärmen, ehe der Wettkampf beginnt. Aber auch aufwärmen, ehe ich selber ein wenig Sport treibe. Aufwärmen soll die Verletzungsgefahr verringern. Das, denke ich, kann hilfreich sein, nicht nur gut in den Tag zu kommen, sondern auch gut

**Kap. 6:** Einstimmen

durch den Tag zu kommen – mich vorzubereiten, einzustimmen.

Ich möchte Ihnen dazu eine Möglichkeit aufzeigen. Die hängt irgendwie mit einer Skala zusammen. Mit Messwerten. Aber keine Angst, es geht nicht um Mathematik oder Rechenkunststücke. Die Skala kann helfen, mir meine Einschätzungen bewusster zu machen und mir eine Orientierungshilfe zu geben.

Das Grundmuster einer solchen Hilfe lässt sich mit dem Begriff „*Vorhersage*" umschreiben:

Nehmen Sie ein Blatt Papier und fertigen Sie eine Skala an, die von 1 bis 10 geht.

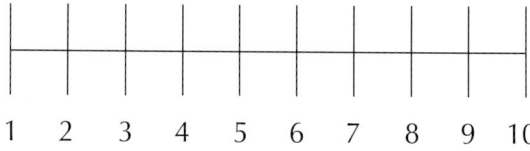

An jedem Abend – am besten regelmäßig kurz vor dem Schlafengehen – überlegen Sie, wie wohl am nächsten Tag Ihre Stimmung, Ihre Laune, Ihre Befindlichkeit sein wird.

Natürlich können Sie das nicht wissen, aber Sie kennen sich, Sie wissen, was heute war, wie es Ihnen heute ergangen ist, und Sie wissen, was morgen alles auf Sie zukommen kann. Sie machen ganz einfach – auch wenn das nicht immer einfach ist – eine Vorhersage, wie Sie glauben, wie morgen Ihre Befindlichkeit, Ihre Stimmung, Ihre Laune sein wird. Und an dieser Stelle der Skala machen Sie ein Kreuz. Dabei bedeutet „1", dass Ihre Stimmung ganz schlecht sein wird, dass Sie sich sehr unwohl fühlen. „10" bedeutet, dass Ihre Laune einfach blendend sein wird.

Danach gehen Sie ins Bett und legen sich schlafen.

Der nächste Tag kommt und geht und am nächsten Abend nehmen Sie sich den Zettel mit der Skala, überlegen sich, wie Sie Ihre Befindlichkeit, Ihre Stimmung, Ihre Laune für den abgelaufenen Tag einschätzen und machen um diesen Wert auf der Skala einen Kreis.

Dann überlegen Sie, wie es kommt, dass die beiden Werte – die Vorhersage und die tatsächliche Wirkung – so sind, wie Sie sie sehen.

Es gibt dabei zwei Möglichkeiten:

1. Kreuz und Kreis haben denselben Wert, d.h. Sie haben Ihre Befindlichkeit, Ihre Stimmung, Ihre Laune für den Tag völlig zutreffend vorausgesagt und eingeschätzt.
2. Kreuz und Kreis haben unterschiedliche Werte, d.h. Sie haben Ihre Befindlichkeit, Ihre Stimmung, Ihre Laune entweder zu gut oder zu schlecht vorhergesagt.

In einem unerlässlichen und bedeutsamen zweiten Schritt überlegen Sie nun, wie Sie es sich erklären, dass Ihre Voraussage und Ihre tatsächliche Stimmung genau diese Werte von Ihnen bekommen haben.

Besonders wichtig: Überlegen Sie, was Sie dazu beigetragen, was andere getan haben oder welche sonstigen Überraschungen geschehen sind, dass es zu den Werten gekommen ist.

Dann – aber erst dann! – machen Sie die Vorhersage über Ihre Befindlichkeit, Ihre Stimmung, Ihre Laune für den nächsten Tag.

Was das soll?

Nun, es hat sich gezeigt, dass die *Erwartung*, mit der ich etwas tue, durchaus Einfluss auf das hat, was ich dann später *erlebe*. Und dabei macht es einen Unterschied, ob ich der Ansicht bin, dass meine Befindlichkeit, meine Stimmung, meine Laune morgen bei 9 oder bei 2 liegen wird.

Sie erinnern sich an das, was ich über „ent-täuschen" gesagt habe (s. S. 47)?

„Die Zeit der Täuschung ist vorbei. Keine Täuschung mehr. Sondern eine Ent-Täuschung."

Wenn Sie der Ansicht sind, Ihre Befindlichkeit, Ihre Stimmung, Ihre Laune wird morgen bei 2 liegen, dann brauchen Sie sich gar nicht erst zu wünschen oder darauf zu hoffen, dass sie bei einem höheren Wert liegen könnte. Es wird ein nicht sehr guter Tag werden. Darauf sind

Sie eingestellt. Sie sind also vorbereitet, "eingestimmt".

Und Sie erfahren – wenn Sie am Abend mit der Vorhersage-Skala arbeiten – sehr viel über Ihre Wünsche und Sehnsüchte. Da Sie sich auch darüber Gedanken machen, was Sie dazu beigetragen haben, dass es so gekommen ist, was andere getan haben oder welche sonstigen Überraschungen geschehen sind (der zweite Teil der Übung), können Sie sich auch über Ihre Wünsche, Ziele und Sehnsüchte klarer werden und sich immer wieder genau überlegen, ob und wie Sie diese am nächsten Tag angehen und – vielleicht ein kleines bisschen – verwirklichen können oder wollen.

Denn – so die Erfahrung und die Forschung – es nutzt wenig, sich seinen Wünschen und Träumen einfach nur hinzugeben. Es bedarf konkreter und bisweilen auch anstrengender Arbeit, diese in die und in der eigenen Wirklichkeit umzusetzen.

Ich glaube, ein US-Komiker hat einmal darauf hingewiesen, dass dann, wenn Ihnen jemand sagt „lebe deinen Traum", es von Vorteil wäre, auch vorher aufzuwachen. Nur sagt einem das meist keiner. Denn wie sonst soll der Traum oder Teile von ihm jemals Wirklichkeit werden?

Diese Vorhersage-Skala sollten Sie, wenn Sie Lust haben, es einmal auszuprobieren, mindestens drei Wochen täglich machen, denn sonst hat es keinen Wert. Deshalb sollten Sie sich entscheiden, ob Sie es machen wollen oder nicht. Und entscheiden können Sie ja.

So weit, so gut.

Sie können sich auch eine Skala schaffen, die es Ihnen erleichtern kann, mit Widrigkeiten umzugehen. Das grundlegende Prinzip ist ähnlich – es handelt sich schließlich auch wieder „nur" um eine Skala.

Im letzten Kapitel hatte ich mich bemüht, Ihr Augenmerk auch auf die kleinen Dinge Ihres Alltags zu richten, die *selbstverständlich und angenehm* sind. Diese Idee möchte ich ein wenig weiter ausführen:

> Da Sie sich am besten kennen, machen Sie sich Gedanken darüber, was Ihnen gut tut, das

*Sie selber tun können.* Anders gesagt – Sie erstellen eine Liste von (und das ist wichtig) *kleinen* Dingen, die Sie in Ihrem Alltag machen können und die Ihnen gut tun. Keine Ahnung, was das für Sie sein kann.

Ich käme auf solche Ideen wie

- eine kurze Pause machen und meine Füße hoch legen
- aus dem Fenster schauen, um zu sehen, ob es etwas gibt, was mich erfreut
- einen Tee kochen und in Ruhe trinken
- ein Eis essen
- mir etwas Schönes für den Abend vornehmen
- an das letzte schöne Erlebnis denken.

Nun bauen Sie sich wieder Ihre Skala, allerdings ein wenig anders, denn es wird eine „Wohlfühl-Unterstützungs-Skala". Die sieht dann als Grundgerüst so aus:

| Wohlbefinden | Wert | was ich mir Gutes tue |
|---|---|---|
| alles bestens | 10 | |
| | 9 | |
| | 8 | |
| | 7 | |
| | 6 | |
| | 5 | |
| | 4 | |
| | 3 | |
| | 2 | |
| ganz schlecht | 1 | |

Wichtig ist, dass Sie in der rechten Spalte (*was ich mir Gutes tue*) festhalten, was Sie sich bei dem entsprechenden Wohlfühl-Wert Gutes tun können.

Ich vermute, dass es Ihnen beim Ausfüllen dieser Spalte ähnlich gehen wird, wie mir – es ist harte Arbeit, herausfordernd, und ich habe einige Zeit gebraucht, um überhaupt einige zu füllen.

Was Sie dann mit dieser Skala tun?

Nun, ganz einfach … oder doch schwer? Sie nehmen diese „Wohlfühl-Unterstützungs-Skala" immer mit, so dass Sie, wann immer Ihnen danach ist, einen Blick darauf werfen können. Dann wissen Sie gewissermaßen jederzeit, was Sie brauchen, was Ihnen gut tut und was Sie *machen* können, wenn Ihr Wohlbefinden (Ihre Befindlichkeit, Ihre Stimmung, Ihre Laune) einen bestimmten Wert erreicht hat.

Ach ja, ehe ich es vergesse: ich empfehle Ihnen, die Eintragungen in der rechten Spalte mit einem Bleistift zu machen. Es wird Ihnen - so vermute ich, wenn ich von mir auf Sie schließe – immer wieder mal etwas einfallen, was passender ist als das, was dort schon steht. Da kann ich nur sagen: wunderbar! Denn auch so lernen Sie immer besser, was Ihnen gut tut.

# Kapitel 7

## Wunder
## Wunderbar oder wunderlich?

Wenn Sie jemand fragt, ob Sie an Wunder glauben, werden Sie wohl – wie die meisten – mehr oder weniger erstaunt (über die Frage) mit einem eindeutigen „Nein!" antworten. Obwohl wir alle wissen, dass wir doch irgendwie so ganz still und heimlich an Wunder glauben. Denn wozu würden wir sonst das Horoskop in der Zeitung lesen? Oder Lotto spielen?

Wer sich aber ganz offen dazu bekennt, an Wunder zu glauben, der gilt entweder als verschroben (um es freundlich auszudrücken) oder als Heiliger. Doch selbst der Volksmund macht darauf aufmerksam, dass Wunder wirken. Wir sollen nicht unter einer Leiter hindurchgehen. Auch nicht „herein" rufen, wenn eine Tür aufspringt. Und wenn wir mit dem falschen Fuß zuerst aus dem Bett gestiegen sind oder wenn uns eine schwarze Katze über den Weg läuft … von links nach rechts oder von rechts nach links, das hat sehr unterschiedliche Folgen.

Manchmal – das kennen Sie sicher auch – wundern Sie sich auch über sich selbst: über Ihre gute oder schlechte Laune, darüber, was Sie gemacht haben und nie dachten, dass Sie das schaffen könnten. So einen Text fand ich einmal auf einer Postkarte: „Das Beste im Leben ist sowieso, sich ständig selbst zu überraschen." Es muss ja nicht unbedingt ständig sein. Ab und zu reicht auch, oder?

Schauen Sie sich bloß 'mal an, was Menschen im Karneval so machen. Das würden Sie im Alltag nie tun. Aber der Alltag ist gleichsam außer Kraft gesetzt, und es ist Ihnen zu dieser Zeit „erlaubt" und es wird von Ihnen „erwartet", dass Sie sich so ganz anders verhalten. Und Sie können es. Wunderbar oder wunderlich?

Das können Sie für sich und Ihre Befindlichkeit, Ihre Stimmung auch in Ihrem Alltag nutzen:

Kinder lieben es, sich zu verkleiden. Die Verkleidung, die sie wählen, bestimmt dann, was sie tun. Ein, wie ich finde, wunderbares Modell.

Halten Sie einen Moment inne und überlegen Sie, wie Ihre Stimmung im Moment ist. Dann können Sie entscheiden, ob Sie mit Ihrer Stimmung und Befindlichkeit zufrieden sind.

Sind Sie damit zufrieden, dann ist alles – zumindest im Augenblick – in Ordnung und Sie können Ihren Zustand genießen.

Sind Sie damit *nicht* zufrieden, nehmen Sie sich einen Moment Zeit und malen sich die Stimmung aus, in der Sie gerne wären. Wenn dieses innere Bild deutlich genug ist, überlegen Sie sich, welches Zeug (Kleidung) am besten zu dieser Stimmung und diesem Bild passt.

Nun können Sie sich wieder entscheiden: Stellen Sie sich weiter vor, was Sie tun, wenn Sie diese Kleidung tragen oder entscheiden Sie sich, sich gewissermaßen zu verkleiden und dann hinauszugehen?

Wozu das gut sein soll?

Nun, es gibt in der Gesellschaft gewisse „Standards", was die Bekleidung angeht, wenn es um bestimmte Ereignisse geht. Zur Einschulung gibt es die Schultüte, zur Konfirmation den ersten Anzug, zur Hochzeit die besondere Gala. Und was gibt es für Ihre gute Stimmung? Nach meinem Wissen so gut wie nichts. Schade, oder?

Ich hatte bereits erwähnt, dass es manchmal sehr hilfreich sein kann, gewissermaßen das Gehirn abzuschalten und einfach etwas zu tun, was Ihnen gut tut (Kap. 3). Auch das lässt sich nutzen:

> Wenn es Ihnen stimmungsmäßig nicht so gut geht, dann verspüren Sie immer mindestens zwei unterschiedliche Eindrücke. Sie sind einerseits imstande, Ihre schlechte Stimmung zu erleben und zu beschreiben. Und Sie haben andererseits zumindest eine Ahnung von dem, was Sie stattdessen lieber hätten – eine Ahnung von Ihrer besseren Stimmung. Wenn Sie darauf achten, dann entwickeln Sie auch mehr oder weni-

ger klare Vorstellungen von dem, was Sie anderes tun würden, wenn Ihre Stimmung besser wäre.

Machen Sie sich einfach ein paar dieser Handlungsweisen noch klarer, so dass Sie ein Bild, im Grunde einen Film davon haben, was Sie tun, wenn die Stimmung besser wäre.

Sie könnten beispielsweise einen Spaziergang machen und dabei erkennbar lächeln - obwohl Ihnen gar nicht danach zu Mute ist. Sie könnten einige Leute, die Ihnen begegnen, direkt anlächeln und ihnen zunicken. Sie können auch gehen, sich dabei ab und zu um die eigene Achse drehen und halblaut pfeifen oder singen. Was auch immer.

Es hilft manchmal, genau das, wonach Ihnen nicht ist und was Sie gerne lieber täten, zu machen, auch wenn es schwer fällt.

Ein so anderes Verhalten, das ist der Hintergrund dieser Idee, zieht eine andere Wahrnehmung der anderen Menschen und damit eine andere Reaktion nach sich. Und die Reaktion der anderen wirkt sich wiederum auf Ihr Verhalten und Ihre Befindlichkeit (!) aus. Das wissen Sie selber und das weiß auch der Volksmund: Wie man in den Wald hineinruft, so schallt es heraus!

Wenn Sie sich also wünschen, dass andere Menschen freundlich mit Ihnen umgehen, dann können Sie etwas dazu beitragen, indem Sie sich so verhalten, dass es den anderen auch leichter fällt. Wunderbar, oder?

Und warum Sie damit anfangen sollten? Nun, das ist ganz einfach die Frage danach, was zuerst da war: die Henne oder das Ei.

Aus der lösungsorientierten Therapie ist die *Wunder-Frage* bekannt und so etwas Ähnliches lässt sich auch gut auf den eigenen Alltag anwenden. Das Wesentliche der Wunder-Frage besteht darin, sich gedanklich und gefühlsmäßig in den Zustand zu versetzen, den Sie sich wünschen – gewissermaßen Ihr Wunder. Und sich dann auszumalen, wie Ihr Wunder ganz genau aussieht und vor allem, was *genau Sie tun, wenn dieses Wunder eingetreten ist, was Sie bisher nicht tun.*

*Kap. 7: Wunder. Wunderbar oder wunderlich?*

Sie haben es gemerkt – es geht „einfach" (auch wenn es nicht einfach ist) darum, etwas anderes zu tun und sich dann im besten Sinne darüber zu wundern, dass Sie das auch können – denn Sie können es sich ja schon vorstellen.

Natürlich können Sie einwenden, dass das ja „nur ein Wunder" ist und nicht wirklich geschieht. Stimmt. Doch Sie haben gezeigt, über welche Vorstellungskraft Sie verfügen, dass Sie sich Ihr Wunder vorstellen und ausmalen können. Das ist der erste Schritt. Und der zweite besteht darin, dass Sie sich überlegen, welche kleinen Teile des Wunders Sie gerne verwirklichen möchten. Und was genau Sie dann tun, wenn Sie diese kleinen Teile verwirklichen. Ist das nicht ein wunderbarer Tagtraum? Und wie mir viele Menschen bestätigt haben, tut es manchmal einfach gut zu träumen. Denn das geträumte Wunder erstaunt, und Sie können sich über sich selber wundern und über sich staunen. Und das, denke ich, ist doch eine wunderbare Fähigkeit, oder?

Deshalb mache ich Ihnen noch einen Vorschlag:

Träume sind eine Art Antriebsmittel. Ohne Träume fehlt der Antrieb. Insofern stellen Träume immer ein Ziel dar, geben zumindest eine Richtung an. Und schaffen so immer auch Hoffnung.

Schaffen Sie sich Ihre Zeit des Tagträumens. Nehmen Sie sich ein- oder zweimal in der Woche eine Viertelstunde Zeit. Machen Sie es sich bequem. Vielleicht legen Sie sich hin, schließen die Augen und geben sich Ihren Träumen hin. Nicht den Alpträumen, sondern den anderen Träumen. Dafür gibt es leider noch keinen passenden Begriff. Vielleicht wäre *Wunder-Träume* passend. Egal, wählen Sie einfach den Namen, der Ihnen gefällt und geben Sie sich Ihren Träumen hin.

Ist die Viertelstunde um, öffnen Sie die Augen, strecken sich und erinnern sich noch einmal an das gute Gefühl des *Wunder-Träumens*.

Dann stehen Sie auf, und Ihr Leben geht weiter.

Sie haben gemerkt, was ich für wichtig halte – dass Sie sich nicht dem Druck aussetzen, Ihre Wunder-Träume Wirklichkeit werden zu lassen. Denn dann könnten Sie es ja gar nicht mehr genießen zu träumen. Wunder-Träumen sollte zum Genießen einladen und nicht zu der Verpflichtung führen, den Genuss Wirklichkeit werden zu lassen.

Zeiten des Genießens, der Muße, des ganz-bei-sich-selber-Seins sind einfach wichtig. Genauso wichtig wie Träume. Stellen Sie sich vor, Sie hätten keine Träume mehr – wozu lohnte es sich dann, weiter zu machen? Deshalb rate ich Ihnen, weiter zu träumen und zugleich weiter zu leben. Denn Sie können beides, oder?

# Kapitel 8

## Stimmungsschwankungen: Vielfalt, Einfalt oder was?

Stimmungen schwanken. Das ist ziemlich normal. Das Meiste im Leben schwankt und ist beständig Änderungen unterworfen. Gleichgewicht und Stabilität kommen durch ständige Änderungen oder Bewegungen zustande. Das wohl bekannteste Beispiel ist der Seiltänzer, der auf einem Seil balanciert mit einem Balancierstab. Er hält das Gleichgewicht, indem er ständig kleine Bewegungen mit dem Stab macht. Anders gesagt – er behält sein Gleichgewicht, indem er ständig kleine Bewegungen – Schwankungen – ausführt.

Ähnlich verhält es sich mit dem Gehen. Dabei ist immer ein Fuß auf dem Boden, der andere in der Luft – ein Zustand ständiger Instabilität.

Dadurch, dass wir uns bewegen, die Füße abwechselnd aufsetzen und anheben, nicht am selben Ort bleiben, sondern uns in eine Richtung bewegen, erst durch dieses komplexe Zusammenspiel von Schwankungen erhalten wir Stabilität und Gleichgewicht.

Stimmungen schwanken auch, und ich könnte nach dem Gesagten formulieren, dass sich meine gute Befindlichkeit durch die Schwankungen meiner Befindlichkeiten ergibt.

Natürlich spielen die Unterschiede der Befindlichkeiten, also die Schwankungsbreite, wie die Häufigkeit der Schwankungen eine Rolle. Je größer und je häufiger die Schwankungen, desto eher wird die Bewertung negativ ausfallen. Himmelhoch jauchzend, zu Tode betrübt und das im Minutentakt, macht ein Leben schwieriger. Andererseits – und das ist auch bedeutsam – haben sich im sozialen Miteinander gewisse Regeln ausgebildet, in welchem Rahmen und in welcher Häufigkeit Stimmungsschwankungen als normal gelten. So gesehen, spielen soziale Bewertungen eine bedeutsame Rolle.

***Kap. 8:*** *Stimmungsschwankungen: Vielfalt, Einfalt oder was?*

Dem „spleenigen Professor" wird eine ganz andere Art der Stimmungsschwankungen zugebilligt wie dem Finanzbeamten. Und bei einem psychisch Kranken mit Befindlichkeitsstörungen gelten starke Schwankungen als „normal" – eben als „normal krank".

David Precht hat einen Bestseller mit dem Titel *Wer bin ich - und wenn ja wie viele?* geschrieben. Ich habe das Buch nicht selber gelesen, aber die im Titel angesprochene Idee finde ich bedenkens- und bemerkenswert, hat sie doch auch einen Bezug zu psychologischen Theorien über die Persönlichkeit.

Wer bin ich? Wer ist das „Ich", das „Selbst", das solche Stimmungsschwankungen erlebt?

Eine – wie ich finde sehr hilfreiche und nützliche – Idee, geht davon aus, dass es so ein festes, klar erkennbares „Ich" oder „Selbst" gar nicht gibt, sondern dass das, was als „Ich" oder „Selbst" verstanden wird, sich aus vielen verschiedenen Einzelaspekten – unterschiedlichen inneren Stimmen - zusammensetzt. Ich selber habe mir das folgendermaßen klar gemacht:

Ich bestehe aus vielen verschiedenen Aspekten, Teilen oder *Stimmen*. Alle diese Stimmen sind gleichermaßen berechtigt, äußern sich allerdings unterschiedlich oft und unterschiedlich „laut", wobei das „laut" zunächst nur in mir selber erlebbar wird. „Ich" merke diese unterschiedlichen Stimmen dann, wenn meine Gedanken kreisen, ich mit mir selbst in einen Dialog trete, mit und zu mir selbst rede.

Je mehr Stimmen und je unterschiedlicher diese Stimmen „reden", desto größer mein Bemühen, die Oberhand zu behalten. Dies ist manchmal sehr schwer und wenn es mir nicht gelingt, die Oberhand zu behalten, dann fühle ich mich schlechter – meine Befindlichkeit sinkt.

Die Nützlichkeit der Ideen der vielen Stimmen hängt mit einer weiteren Idee zusammen: dass es gewissermaßen das gute Recht jeder Stimme ist, sich zu äußern. Nur mögen das nicht alle anderen Beteiligten zu jeder Zeit gerne hören. Und so kann dann ein wildes Durcheinandergerede entstehen, dass zu einem Gefühl beiträgt, nicht mehr so ganz Herr im eigenen Hause zu sein.

***Kap. 8:*** *Stimmungsschwankungen: Vielfalt, Einfalt oder was?*

Gehe ich davon aus, dass jede dieser Stimmen das Recht hat, sich zu äußern, so haben alle anderen auch das Recht, nicht zuhören zu müssen. Das klingt vielleicht kompliziert, vielleicht auch ein wenig wirr, doch diese Idee lässt sich in einer Übung sehr praktisch umsetzen:

> Hat jede Stimme das Recht, sich zu äußern, so macht es wenig Sinn, wenn die anderen Stimmen darum kämpfen, eine unangenehme Stimme zum Schweigen zu bringen. Viel nützlicher und entspannender kann es sein, dieser „unangenehmen" Stimme Raum und Zeit zu geben, Gehör zu finden.
>
> Kennen Sie bei sich solche Stimmen, dann legen Sie eine Zeit fest, zu der Sie – und alle anderen Ihrer Stimmen – bereit sind, zuzuhören. Nehmen wir mal an, die Zeit ist mittwochs, von 18.00 bis 18.15 Uhr. Dann setzen Sie sich mittwochs um 18.00 Uhr ruhig hin und bitten Ihre Stimme, alles das zu sagen, was sie sagen möchte. Sie hören einfach zu. Kommentieren und bewerten nicht.
>
> Vielleicht erzählt Ihnen die Stimme was, vielleicht schweigt sie. Egal. Sie geben Ihr

einfach den vereinbarten Raum und die Zeit.

Wenn Sie mögen, können Sie danach andere Stimmen fragen, ob die auch etwas dazu sagen möchten oder nicht. Und das war es dann.

Wenn sich die Stimme zu anderen Zeiten zu Wort meldet, können Sie immer auf die vereinbarte Zeit verweisen, zu der sie reden kann.

Ich weiß, dass klingt beinahe ein bisschen verrückt, doch die Erfahrung – von mir, wie auch von anderen – zeigt immer wieder, dass es möglich ist, auf diese, eher wertschätzende Art mit den vielen eigenen Stimmen umzugehen. In diesem Sinne entsteht Vielfalt, tauchen Unterschiede auf, die nicht zugeschüttet werden müssen. Vielfalt nimmt zu und Sie erleben mehr von den vielen Möglichkeiten, die Sie auch „haben".

Damit bin ich schon wieder ganz am Anfang, als ich schrieb, dass Sie nicht einfach etwas „sind", sondern dass Sie vieles „haben". Die

Verwechslung von „sein" und „haben" kann das Leben schwerer machen und die Stimmung nach unten ziehen.

Ein weiterer Aspekt ist mir dabei wichtig – nehmen Sie nicht alles immer „bierernst". Der beschriebene Umgang mit den eigenen Stimmen hat für mich auch etwas „Spielerisches" im besten Sinne des Wortes. Kinder, nur um ein Beispiel zu geben, lernen „spielerisch". Erst wenn wir erwachsen werden, unterwerfen wir uns dem Verbot, spielerisch zu lernen und erkennen das Gebot an, dass Lernen harte Arbeit sein muss[3]. Das mag so sein, stellt aber in meinen Augen auch „nur" eine interessante Theorie dar, keine Wahrheit.

Wenn wir uns der Idee des „sind" oder „sein" hingeben, dann „müssen" wir nicht nur so sein, sondern uns auch entsprechend verhalten. Wenn wir „haben", verfügen wir über viele Möglichkeiten und können das tun, was das Leben meist stimmungsvoller und lebenswerter macht:

---

[3] Sie erinnern sich: es wäre hilfreich, das Wörtchen „muss" aus dem Wortschatz zu streichen (s. S. 25f.)

*Kap. 8:* Stimmungsschwankungen: Vielfalt, Einfalt oder was?

**Viele Probleme erscheinen uns
nur deshalb so groß, weil wir sie
mit zu wenig Abstand betrachten.
Manche sind im Grunde so harmlos
wie dieser Marienkäfer hier.**

(Grafik & Text: Jochen Mariss © Grafik Werkstatt Bielefeld, Tel. 05 21 – 17 82 46)

# Kapitel 9

## Authentisch sein ... oder?

Es gibt ausgesprochene und unausgesprochene Regeln und Vorschriften für das tägliche Verhalten. Diese betreffen auch den Umgang mit Gefühlen. „Ehrlich", „offen", „authentisch" – das sind beispielsweise drei solcher Maximen, die den meisten von Ihnen in der einen oder anderen Form sicher schon begegnet sind. So gut dies auch klingen mag – es ist nicht immer einfach, diese Ansprüche umzusetzen und zu verwirklichen. Ich möchte hinzufügen, dass es auch nicht unbedingt nützlich ist, diesen Maximen immer und unbedingt zu folgen. Ich möchte das am Beispiel der „Authentizität", des „authentisch sein" ein wenig beleuchten.

Die Frage könnte ich auch ein wenig zugespitzt so formulieren: Woran merken Sie (oder jemand anderes), dass Sie *nicht* authentisch sind?

Die Antworten fallen in der Regel so aus, dass mit einer etwas anderen Umschreibung von „authentisch" geantwortet wird: das bin wirklich ich; ich bin ehrlich; das ist das, was (und wie) ich fühle. Alles, sage ich, Umschreibungen für genau dasselbe, was sich offenbar sowohl einer klaren Beschreibung als auch einem klaren Verhalten entzieht. Eine Art sprachliche Verdoppelung oder eine Tautologie. Ich bin authentisch, wenn ich echt bin. So etwas wie ein weißer Schimmel, wo doch jeder weiß, dass Schimmel immer weiß sind.

In Flensburg gab es jahrelang in der Fußgängerzone ein Blumengeschäft, das mit dem Slogan warb: *Blumen – natürlich künstlich*. Mich hat dieser Slogan begeistert. Bezogen auf die Frage der Authentizität würde ich es so formulieren: Bitte seien Sie einfach einmal „nicht authentisch", „nicht echt"!

Mir ist noch nie jemand begegnet, der das geschafft hat! Alles, was *Sie* tun, tun *immer Sie*. Daher ist es immer „authentisch" – es sind *Sie authentisch*, weil Sie es sind. Es geht auch gar nicht anders. Selbst wenn Sie etwas machen, von dem Sie meinen, dass wären nicht Sie, dann machen Sie das selber und das ist immer authentisch. „Authentisch unauthentisch", wenn Sie so wollen.

Bezogen auf Ihre Stimmungen – es sind *immer* (!) Sie, der etwas fühlt, der in einer bestimmten Stimmung ist. Manchmal, meist wenn Sie sich nicht so wohl fühlen, wären Sie vermutlich gerne in einer anderen Stimmung, doch Sie trauen sich nicht, sich so anders zu verhalten, weil es zum einen nicht Ihrer Stimmung entspricht und Sie es zum anderen für nicht authentisch oder echt halten.

Ihre Stimmungen und Befindlichkeiten bleiben Ausdruck von Ihnen. Sie sind immer authentisch. Anders gesagt, auch wenn Sie „so tun, als ob" – also eine Rolle spielen, etwas tun, was Sie normalerweise nur tun, wenn Sie bei sich eine bestimmte Befindlichkeit wahrnehmen – Sie können gar nicht anders, als authentisch sein. Sie sind und bleiben immer ein Original. Selbst wenn Sie jemand anderen imitieren, nachmachen – es ist immer Ihre authentische Art der

Kopie. Anders gesagt: *Sie sind und bleiben ein Original*.

Auch diese Idee können Sie, wenn Sie mögen, nutzen, Ihre Befindlichkeit, Ihre Stimmungslage zu beeinflussen:

> Wenn Sie sich nicht wirklich gut fühlen, niedergeschlagen und unwohl und es sich anders wünschten, dann nehmen Sie sich die kurze Zeit, darüber nachzudenken, was Sie machen oder anders machen würden, wenn Sie sich (ein wenig) wohler fühlen würden. Dabei liegt die Betonung auf dem „machen", dem „tun", dem „handeln". Darin liegt die Herausforderung: Ihr Verhalten so konkret beschreiben, dass dann, wenn Sie jemand anderem erzählen würden, was Sie tun, er gleichsam das Film- oder Handlungsdrehbuch schreiben könnte.
>
> Haben Sie sich ein paar solcher kleinen anderen Verhaltensweisen vergegenwärtigt, wählen Sie bis zu drei davon aus, die Sie nun umsetzen werden.

Es kann auch helfen, sich die Verhaltensweisen auszusuchen, die Ihnen am meisten Freude oder Spaß bereiten. Es ist ganz egal – wichtig ist „nur", dass Sie diese kleinen Änderungen machen können *und werden*. Ich denke beispielsweise an solche Dinge wie der nächsten bekannten Person, die Sie treffen, etwas Nettes zu sagen (einen kurzen Satz) oder jemanden, den Sie treffen, anzulächeln. Oder zu einem Freund zu gehen, um ihm eine kurze Episode aus Ihrem Leben zu erzählen, die noch nicht lange zurück liegt und wo Sie sich gefreut haben und es Ihnen, wenn nicht gut, so doch ein ein wenig besser ging.

Das alles sind kurze Aktionen, nach deren Durchführung Sie weitermachen mit Ihrem Alltag. Vor allem sollen Sie nicht mit dem anderen darüber diskutieren.

Alles das, was Sie tun, ist und bleibt authentisch, selbst wenn es nicht Ihrer „gefühlten Befindlichkeit" entspricht. Allerdings – und darum geht es dabei – Sie verhalten sich anders, als es Ihrer nicht so guten Stimmung entspricht und die Reaktionen, die die anderen zeigen, werden auch ein wenig anders sein.

Kommt jemand freundlich auf mich zu, sagt mir etwas Nettes, fühle ich mich meist besser, lächele oft und freue mich. Und meine Reaktion wirkt auf mein Gegenüber zurück. Mir fällt es schwer, auf ein Lächeln, ein Kompliment oder eine schöne Geschichte anders als mit Freude zu reagieren – egal, wie es mir geht. Klar, manchmal kann ich mich nicht ganz so stark freuen, wie ich es könnte, wenn es mir besser ginge, aber ein bisschen Freude kommt meist auf. Deshalb ist es nach meiner Erfahrung auch bedeutsam, hinterher darüber *nicht* zu diskutieren. Das Tun reicht aus. So wie es in der alten Nike-Werbung immer hieß: Just do it! Mach' es einfach! Und dieses „einfach" ist oft alles andere als leicht.

Sie können sich selber auch dazu einladen, Theater zu spielen – sich ein Rolle zurecht zu schreiben, die Ihnen auch helfen könnte, ein wenig „spielerischer" mit sich selbst umzugehen – so wie es auch Kinder tun (s. Kap. 8).

> Üben Sie sich in der Rolle, dass andere Menschen – am besten Freunde oder gute Bekannte – nicht merken, wie es Ihnen geht. Wenn Sie sich nicht wohl fühlen, Ihre Stimmung nach unten geht oder schon unten

ist, übernehmen Sie die Rolle desjenigen, der sich wohl fühlt. Wenn Sie mögen – und manchmal empfiehlt sich das – können Sie das auch ankündigen, indem Sie beispielsweise sagen:

„Mir geht's im Moment gar nicht gut. Ich bin ziemlich schlecht drauf. Aber ich habe auch den Job des Schauspielers, und die Rolle des gut gelaunten Menschen übernommen. Wundere dich also nicht, wenn ich gut gelaunt daher komme. Es geht mir schon wirklich schlecht. Aber sprich' mich bitte nicht darauf an. Du kannst – das würde mich freuen – mir später sagen, wie gut ich in meiner Rolle war."

Auch hier gilt die Regel: Diskutieren Sie nicht über das, was Sie tun, sondern informieren Sie lediglich darüber. Findet Ihr Freund oder Bekannter das „nicht gut" oder „nicht authentisch", sagen Sie einfach: „Das kann ich verstehen. Doch ich mach' das und ich bin immer ich. Das musst du auch nicht gut finden. Ich denke nur, dass mir das hilft, besonders wenn du mir nachher sagst, wie gut ich in meiner Rolle war."

Wozu ich Sie mit diesen Übungen einladen möchte? Nun, dazu, sich daran zu erinnern, dass Sie eine schlechte Stimmung „haben", daran zu denken, dass Sie keine schlechte Stimmung „sind" und Sie ermuntern und ermutigen, ein paar Möglichkeiten auszuprobieren, über die Sie *auch* verfügen. Und die das Leben, wie ich glaube, ein wenig angenehmer und spielerischer machen können.

# Kapitel 10

## Stimmungen ... lassen sich beeinflussen

Der Mensch soll, so eine Theorie, ein soziales Lebewesen sein. Das heißt nun aber leider noch nicht, dass der Mensch sich deshalb auch sozial verhält – rücksichtsvoll, wertschätzend, mitfühlend -, sondern nur, dass er in sozialen Bezügen lebt. Anders gesagt – der Mensch lebt mit anderen Menschen zusammen, doch die Form des Zusammenlebens ist damit noch in keiner Weise bestimmt. Das gilt selbst noch für Einsiedler – denn ohne seine Mitmenschen gäbe es diesen Einsiedler nicht. Erst dadurch, dass er sich von anderen Menschen abgrenzen kann, wird der Einsiedler zum Einsiedler. Er braucht also die anderen.

Das ist auch aus der Kommunikationsforschung bekannt, wo eine der am weitesten verbreiteten Ideen die ist, dass man *nicht nicht* kommunizieren kann. Alles, was jemand sagt oder nicht sagt, was er macht oder nicht macht, ist Kommunikation. Das sagt nun allerdings noch nichts über die Form der Kommunikation aus.

Das meine ich, wenn ich sage, der Mensch ist ein soziales Lebewesen, aber deshalb durchaus nicht notwendigerweise sozial in seinem Verhalten. Es zeigt nur nachdrücklich auf, dass andere Menschen Bedeutung haben – beispielsweise durch die Art und Weise, wie sie mit mir umgehen. Das kennen Sie selber auch gut – ein freundlicher Umgang löst eher freundliche Reaktionen aus, lobende Äußerungen eher angenehme Stimmungen. Dieses Wissen lässt sich nutzen, wenn es darum geht, mit den eigenen Stimmungen umzugehen, sie in einem eher positiven Sinne zu beeinflussen.

Beeinflussen hat keine eindeutig positive Bewertung, denn allzu sehr schwingt die Idee der Manipulation darin mit. Andererseits beeinflusse ich durch jede meiner Handlungen – wie durch deren Unterlassung – andere Menschen. Mache ich beispielsweise ein Kompliment oder lobe eine gute Leistung, dann hat das gleichfalls

Auswirkungen. Unterlasse ich das in solchen Situationen, wo es beinahe erwartet wird, dann hat das Auswirkungen. Kein Mensch schafft es, nicht zu beeinflussen. Von manipulieren sprechen wir dagegen eher dann, wenn jemand einen anderen zielgerichtet und zielgenau dazu bringen will, das zu tun, was er will.

Dieses Wissen kann helfen, die eigene Stimmung zu beeinflussen – hoffentlich in einem stärker positiven Sinn. Und da helfen am meisten Erfolge, denn wie der Volksmund weiß: Nichts ist erfolgreicher als der Erfolg. Und den brauche ich besonders dann, wenn es mir stimmungsmäßig nicht so gut geht. Dazu eine Übung:

> Überlegen Sie jeden Abend, welche drei bis fünf kleinen (!) Dinge Sie am nächsten Tag erledigen können und machen werden. Die Betonung liegt auf dem Wort „kleine" und auf dem „machen werden".
>
> Kleine Dinge könnten sein, die offen stehende Rechnung bezahlen, eine Karte an einen Freund schreiben, das Wohnzimmer saugen, einen lange aufgeschobenen Anruf erledigen.

*Kap. 10: Stimmungen ... lassen sich beeinflussen*

Schreiben Sie diese drei bis fünf kleinen Dinge auf einen Zettel.

Am nächsten Morgen lesen Sie den Zettel und entscheiden, wann an diesem Tag Sie diese Dinge machen. Sie entscheiden also nur noch über das „wann" und nicht mehr über das „ob", denn diese Entscheidung haben Sie bereits am vergangenen Abend getroffen.

Am Abend loben Sie sich dann dafür, dass Sie diese Dinge gemacht haben – entweder leise in Gedanken oder laut vor dem Spiegel.

Meine Erfahrung ist die, dass ich dann, wenn ich nicht so gut drauf bin, leichter in Grübeleien versinke, mir viele negative Möglichkeiten ausmale, mich eher für klein und wertlos halte und sowieso nichts schaffe. Da kommen *kleine Dinge* gerade recht, denn die kann ich schaffen – ohne allzu großen Aufwand und ohne dass ich besonders „motiviert" sein muss. Deshalb stellt das „sich selber loben" am Abend auch einen wichtigen Teil dieser Übung dar – auch die kleinen Dinge ernst nehmen, schätzen und anerkennen. Sie erinnern sich jetzt zweifellos an das, was ich bereits über Selbstverständliches und dessen Bedeutung geschrieben habe (s. S. 56ff.).

Ich weiß nicht, ob Sie das auch so gelernt haben, diesen Satz „Eigenlob stinkt". Wieso denn? Ich habe dafür nie eine mich überzeugende Begründung gehört, so dass ich in Gesprächen mit Kollegen auf eine ganz andere Idee gekommen bin, die mir eindrücklicher und nachhaltiger erscheint: „Eigenlob duftet wunderbar".

Geht es mir nicht gut, ist das, was ich brauche, Anerkennung und Wertschätzung, jemanden, der „auf mich zugeht, mir sagt, dass ich okay bin und an mich glaubt" (s. S. 36). Und der Einzige, der auf jeden Fall da ist, bin ich, und ich traue mich dann nicht, so (positiv) mit mir umzugehen. Das macht das Eigenlob so wichtig – nicht einfach so lapidar und ohne innere Überzeugung dahin gesprochen, sondern mein Ausdruck, dass ich immer noch und immer weiter an mich glaube.

Nehmen Sie sich öfters am Tag zwei, drei Minuten Zeit für sich selber. Schließen Sie die Augen, denn dann können Sie sich besser konzentrieren. Blicken Sie zurück bis zu dem Zeitpunkt, wo Sie diese Übung das letzte Mal gemacht haben, und lassen Sie den Film, was Sie alles bis jetzt gemacht haben, in einer Art schnellen Vorlauf abspielen. Dabei drücken Sie symbolisch immer dann auf die „Stopp"-Taste, wenn Sie etwas bemerken, was Sie gut gemacht haben.

Achtung! Konzentrieren Sie sich dabei vor allem auf die klitzekleinen Dinge, die Sie gut gemacht haben, denn die rutschen meist durch.

Wenn Ihr Film in der Gegenwart, dem Jetzt, angekommen ist, schalten Sie den Projektor aus, atmen einmal ganz tief ein und aus, öffnen die Augen, erinnern sich noch einmal an die kleinen guten Dinge, die Sie bemerkt haben und setzen Sie dann Ihren Alltag fort.

Die Idee besteht darin, sich ein wenig für die Dinge zu sensibilisieren, die im Alltag gut laufen, die aber aufgrund ihrer Kleinheit kaum zur Kenntnis genommen werden. Es geht, wie Sie merken, um die Perspektive, einen wertschätzend_eren_ Blick auf die vielen kleinen Dinge zu werfen, die Sie schon tun. Diese Dinge bemerken, wahrnehmen, benennen und behalten.

Sie können dies auch in einer Art Feldforschung durchführen. Solche Forschung ist ein wenig aufwendiger, nutzt allerdings das Soziale stärker.

Nehmen Sie sich wieder etwas Zeit und überlegen Sie, wer Sie ein bisschen kennt. Schreiben Sie die Namen dieser Personen auf einen Zettel.

Als nächstes überlegen Sie, in welcher Reihenfolge Sie diese Personen ansprechen wollen und nummerieren entsprechend.

Die Fragen, die Sie jeder dieser Personen stellen, lauten:

- Was gefällt dir an mir?
- Welche Stärken und Fertigkeiten habe ich deiner Meinung nach?
- Was glaubst du, welche bisher verborgenen Stärken und Fähigkeiten ich noch habe?

Wichtig ist, dass Sie diese Fragen stellen, den Antworten zuhören, sich entsprechende

Notizen machen und sich bei der Person, die Ihnen die Fragen beantwortet hat, ausdrücklich *bedanken*. Da es sich um Feldforschung handelt, ist es verboten, während der Untersuchung über die Untersuchung zu diskutieren – also hören Sie nur den Antworten zu, bedanken sich und gehen oder wechseln das Thema. Sie diskutieren keinesfalls über die Fragen und die Antworten. Das würde diese Forschung verfälschen.

Selbstverständlich steht es Ihnen frei, nach Abschluss der Forschung, wenn Sie alle Ergebnisse haben – wenn also alle Personen befragt worden sind –, über die Ergebnisse zu diskutieren. Aber eben erst nach Abschluss der Befragungen, nach Abschluss der Feldforschung.

Auch hier geht es wieder um eine etwas andere Perspektive. Dazu werden die Perspektiven anderer genutzt, denn diese haben sowieso schon einen Blick auf mich – hoffentlich den, den ich mir wünsche und der mit meinem positiven Selbstbild übereinstimmt.

Wenn Ihnen das zu aufdringlich oder risikoreich erscheint, so möchte ich Sie an eine Weisheit erinnern, die wohl schon so bereits in der Bibel steht: „Liebe deinen Nächsten ... wie dich selbst". Denn wenn Sie sich nicht selber lieben – Gutes und Wertschätzendes an sich erkennen – wieso sollte das jemand anderes tun?

# Kapitel 11

## Ein guter Umgang

"Zum Umgang mit Stimmungslagen" lautet der Untertitel dieses Buches. Und das ließe sich mindestens zweideutig verstehen – zum einen der Umgang mit Stimmungen und zum anderen das Umgehen von Stimmungen. Das öffnet unterschiedliche Perspektiven und somit auch unterschiedliche Verhaltensmöglichkeiten.

Ich möchte mich hier am Ende noch einmal wiederholen: Stimmungen lassen sich nie direkt wahrnehmen, sondern immer nur durch das Beobachten und Deuten (Interpretieren) von Verhalten *erschließen*. Das bedeutet nun, es gibt *mindestens* zwei Perspektiven. Das Beobachten kann einerseits von innen heraus erfolgen – das kann nur ich selber leisten. Oder es wird andererseits von außen beobachtet – das machen andere. Und Beobachtungen verschiedener Menschen – und sich daran anschließende Interpretationen des Beobachteten – müssen keineswegs deckungsgleich sein. Von daher erübrigt es sich auch, über die Richtigkeit oder Angemessenheit von Beobachtungen zu streiten. Stimmungsmäßig zuträglicher wäre es in meinen Augen, solche Unterschiede zu würdigen, anzuerkennen und zu genießen – gleichsam als eine Art Bestätigung, wie vielfältig das Leben doch immer wieder sein kann. Insofern plädiere ich für Perspektivenvielfalt und Perspektivenwechsel. Dazu habe ich mich immer wieder geäußert.

Und Stimmungen sind und bleiben immer „nur" Teile von Ihnen und verweisen insofern auf weitere Möglichkeiten, die Sie gewissermaßen „besitzen", etwas zu erleben, zu fühlen, zu sehen oder zu tun. Und jede Möglichkeit, die Sie umsetzen, verschließt notwendigerweise die anderen Möglichkeiten. Insofern könnte es durchaus von Nutzen sein, stimmungsmäßig in der Schwebe zu bleiben – das könnte Möglichkeiten offen halten.

Eine Anregung für eine Übung für Perspektivenvielfalt, Unterschiede und Möglichkeiten:

**Kap. 11:** *Ein guter Umgang*

Stellen Sie sich vor, Sie sind gerade vom Mars gekommen und auf der Erde gelandet. Sie wissen nicht, was hier kreucht und fleucht. Das heißt, Sie sind darauf angewiesen, durch Ihre eigenen Beobachtungen (und deren Interpretationen) herauszufinden, was hier geschieht. Versuchen Sie, so vorurteils- und vorannahmefrei zu beobachten und zu beschreiben, was Sie die Menschen tun sehen.

In einem zweiten Schritt fragen Sie sich, warum sich diese Menschen so verhalten, wie sie sich verhalten.

Dies ist eine Übung, die auch dazu dient, eigene Gewissheiten infrage zu stellen. Sie sehen beispielsweise, dass Menschen sich beim Bewegen, beim Gehen, nicht berühren. Andererseits sehen Sie, dass manche Menschen sich an der Hand halten. Einige gehen durch Öffnungen in Mauern, andere nicht. Einige bewegen ihren Mund. Einige gehen dahin, wo schon viele andere stehen. Es gibt viel zu sehen.

Mit dieser Übung möchte ich Sie auch dazu einladen, *nicht zu schnell zu verstehen*. Schnelles Verstehen verleitet leicht zu scheinbaren

Gewissheiten. Sie kennen vermutlich den Satz vom „süßen Gift der Gewissheit".

Sie kennen zweifellos auch die berühmte Frage: „Wie geht's?" Erwartet wird die Antwort „Es geht" oder „Ganz gut". Nehme ich die Frage wörtlich, müsste ich antworten: „Im Moment gar nicht. Ich stehe ja und gehe nicht", denn wenn ich mich unterhalte, angesprochen werde, bleibe ich erst einmal stehen und gehe nicht.

Ich nenne das „gegen den Strich lesen" und wenn es um Perspektiven geht, dann ist das eine wunderbare Übung. Kinder spielen oft „Teekesselchen raten". Da geht es darum, einen Begriff mit zwei Bedeutungen zu erraten, wobei nach jedem Raten eine weitere Information angeboten wird:

> Mein Teekesselchen hat zwei Beine.
> Mein Teekesselchen lässt sich drehen.
> Mein Teekesselchen hat einen Sporn.
> Mein Teekesselchen wird festgeschraubt.
> Mein Teekesselchen hat einen Kamm.
> Mein Teekesselchen befördert Flüssiges.

Sie haben es sicher schon erraten – es handelt sich um einen Hahn bzw. einen Wasser-Hahn.

Ein weiteres Beispiel für nicht zu schnell verstehen:

> Ich klage so gut wie nie.

Heißt das, ich klage fast nie oder heißt das, ich kann so gut klagen, wie ich es bisher noch nicht konnte?

Insofern bleibt das, was meine Stimmung mit mir macht, immer *auch* eine Folge der Bewertung, die ich meiner Stimmung gebe.

So möchte ich mit einem Gedicht von Goethe (*Erinnerung*) enden:

> *Willst du immer weiter schweifen,*
> *Sieh, das Gute liegt so nah.*
> *Lerne nur das Glück ergreifen,*
> *Denn das Glück ist immer da.*

Wie gesagt – nicht zu schnell verstehen:

*Kap. 11:* *Ein guter Umgang*

Wollen Sie wirklich gerade jetzt das Glück ergreifen? Oder doch lieber erst ein wenig später?

# Dank

Ein Buch – besonders so eines wie dieses – ist immer ein Gemeinschaftswerk, selbst wenn es, wie in diesem Fall, nur einen Autor hat. Ohne die Erfahrungen mit den vielen Kunden im Laufe meiner psychotherapeutischen Praxis (Kunden, weil es sich dabei für mich immer um kundige Menschen handelt), ohne die Gespräche mit Menschen, mit Freunden, Familienmitgliedern, auch mit Fachkollegen hätte dieses Buch nicht geschrieben werden können. Ihnen allen bin ich zu Dank verpflichtet.

Besonders nachdrücklich ist mir dabei die Äußerung eines Betroffenen im Gedächtnis geblieben, der auf die Frage, was hilfreich gewesen war, meinte: „Einfach, dass jemand da war, der Zeit hatte, der mit mir geredet hat und der an mich glaubte."

# Raum für Notizen

Raum für Notizen

Raum für Notizen

Raum für Notizen

### ... und noch etwas zum Appetitmachen und Appetitstillen ...

Romane und Erzählungen von Jürgen Hargens. Geschichten aus dem Leben, über das Leben, über das Sterben, über das Zusammenleben, das Altwerden, das Jungbleiben und über Beziehungen.

#### Motorrad ... und andere Erzählungen

trafo Verlag Berlin, 2006, € 21,80, ISBN 3-89626-619-5

Lebenskrisen anders meistern, im Alter jung bleiben und sich anders erfahren. Das Leben ist und bleibt immer für überraschende Wendungen gut.

#### Tagaus – Tagein

novum Verlag, Neckenmarkt-Wien-München, 2008, € 16,40, ISBN 978385022219-8

Wenn die ältere Generation auf dubiose Weise stirbt, organisieren sich Familien anders, neu, überraschend – auch mit Hilfe von Psychologen

#### Kneipengespräche oder: Alte Freunde

BUCH&media, München, 2009, € 12,90, ISBN 978-3-86520-350-2

Auch Todesfälle sind Geschichten und können sich überraschend ganz anders erzählen lassen – so wie es im Miteinander alter Kumpel geschehen kann

# Weitere Bücher von Jürgen Hargens

## Kinder, Kinder ... oder: wer erzieht wen ... und wie

### Gedanken, Erfahrungen, Ideen eines Vaters

„Das Buch hebt sich von jenen Sachbüchern ab, die lediglich eine Erziehungskatastrophe beschwören, denn es nimmt den positiven ressourcen-orientierten Blickwinkel ein und vertraut auf elterliche Vernunft."
*Detlef Träbert, Kinderkram*

2. Auflage, 80 S., Format 11,5x18,5cm, fester Einband, ISBN 978-3-86145-253-9

**Bestell-Nr. 8326, CHF 15,50, € 9,60**

## So kann's gelingen

### Rahmen hilfreicher Gespräche im beraterisch-therapeutischen Kontext

„Ich wünsche diesem Buch eine große Verbreitung, weil es therapeutische Haltungen nachvollziehbar und einladend beschreibt."
*Cornelia Tsirigotis, systhema*

112 S., Format 11,5x18,5cm, fester Einband,
ISBN 978-3-86145-318-5

**Bestell-Nr. 8346, CHF 15,50, € 9,60**

## Psychotherapie und Medizin: oder Zusammenarbeit – ein wenig anders ...

### Skizzen eines erfolgreichen Modells

„Gewohnte Sichtweisen beiseitelegen. Es wird sich lohnen." *Jürgen Blume, Brückenschlag, Zeitschrift für Sozialpsychiatrie*
112 S., Format 11,5x18,5cm, fester Einband,
ISBN 978-3-86145-303-1

**Bestell-Nr. 8345, CHF 15,50, € 9,60**

## BORGMANN MEDIA

**verlag modernes lernen** *borgmann publishing*
Schleefstr. 14 • D-44287 Dortmund • <u>Kostenlose</u> Bestell-
Hotline: Tel. 0800 77 22 345 • FAX 0800 77 22 344
Ausführliche Informationen und Bestellen im Internet:
www.verlag-modernes-lernen.de

# Weitere Bestseller von Jürgen Hargens

## Systemische Therapie ... und gut
## – Ein Lehrstück mit Hägar

„Da darf gelacht, gelernt, entdeckt und gedacht werden – in ebenso bekömmlicher wie wirkungsvoller Mischung!" *Dr. Johannes Gruntz-Stoll*

3. Auflage, 104 S., mit 46 Hägar-Comics, Format DIN A5, fester Einband, ISBN 978-3-8080-0537-8

**Bestell-Nr. 4323, CHF 24,80, € 15,30**

## Erfolgreich führen und leiten
## – das will ich auch können ...

### Ein systemisches un(d)systematisches Brevier

„Ein schöner und anregender Band für alle, die selbst führen und leiten und ein wunderbares Geschenk für Menschen in Führungspositionen." *Prof. Dr. Lilo Schmitz*

4. Auflage, 80 S., Format 11,5x18,5cm, fester Einband, ISBN 978-3-86145-228-7

**Bestell-Nr. 8318, CHF 15,50, € 9,60**

## Lösungsorientierte Therapie
## ... was hilft, wenn nichts hilft ...

### Anregungen, Erfahrungen, Ideen

„Ich empfehle das Buch allen, die diesen Ansatz kennen lernen möchten und auch jenen, die bereits damit arbeiten, um sich auf kollegialer Ebene kreativ anregen zu lassen." *Dr. Manfred Vogt, NIK Bremen*

2. Auflage, 112 S., Format 11,5x18,5cm, fester Einband, ISBN 978-3-86145-299-7

**Bestell-Nr. 8342, CHF 15,50, € 9,60**

## *BORGMANN MEDIA*

**verlag modernes lernen** *borgmann publishing*
Schleefstr. 14 • D-44287 Dortmund • <u>Kostenlose</u> Bestell-Hotline: Tel. 0800 77 22 345 • FAX 0800 77 22 344
Ausführliche Informationen und Bestellen im Internet:
www.verlag-modernes-lernen.de